DE SEMINARISTA A SACERDOTE DIOCESANO

Cómo Manejar con Éxito la Transición

REV. J. RONALD KNOTT

Traducido por Yanira y Janet Torres

Sophronismos Press,
Louisville, Kentucky

DE SEMINARISTA A SACERDOTE DIOCESANO
Cómo Manejar con Éxito la Transición

Copyright 2007 de J. Ronald Knott
Derechos Reservados.

Se autoriza la reproducción total o parcial de este libro por cualquier medio o procedimiento, conocido o por conocer, comprendidas la reprografía y el tratamiento informático, siempre que se cite adecuadamente la fuente y los titulares del Copyright, excepto en casos de citas pequeñas en artículos críticos.

Traducido por Yanira y Janet Torres
Disegno de portada: Tim Schoenbachler

Para cualquier información relacionada con esta
publicación, diríjase a:
Sophronismos Press
1271 Parkway Gardens Ct., #106
Louisville, Kentucky 40217

Primera Impresión: Octubre 2004
ISBN 978-0-9858001-0-9

A nuestros futuros sacerdotes, especialmente aquellos jóvenes que están respondiendo valientemente al llamado a ser sacerdotes diocesanos en nuestra Iglesia de hoy.

Libros del Autor

An Encouraging Word: Renewed Hearts, Renewed Church; The Crossroads Publishing Co., 1995 (*out of print*)

One Heart at a Time: Renewing the Church in the New Millennium; Sophronismos Press, 1999

Sunday Nights: Encouraging Words for Young Adults; Sophronismos Press, 2000

Diocesan Priests in the Archdiocese of Louisville; Archdiocese of Louisville Vocation Office, 2001

Religious Communities in the Archdiocese of Louisville; Archdiocese of Louisville Vocation Office, 2002

For the Record: Encouraging Words for Ordinary Catholics; Sophronismos Press 2003

Intentional Presbyterates: Claiming Our Common Sense of Purpose as Diocesan Priests; Sophronismos Press, 2003. **Españoles edición disponible.**

For The Record II: More Encouraging Words for Ordinary Catholics; Sophronismos Press, 2004

From Seminarian to Diocesan Priest: Managing a Successful Transition; Sophronismos Press, 2004. **Españoles edición disponible.**

For The Record III: Still More Encouraging Words for Ordinary Catholics; Sophronismos Press, 2005

For The Record IV: Even More Encouraging Words for Ordinary Catholics; Sophronismos Press, 2006

The Spiritual Leadership of a Parish Priest: On Being Good and Good At It; Sophronismos Press, 2007.

Intentional Presbyterates: The Workbook; Sophronismos Press, 2007

For The Record V: Yet More Encouraging Words for Ordinary Catholics; Sophronismos Press, 2007

For The Record VI: Still Yet More Encouraging Words for Ordinary Catholics; Sophronismos Press, 2008

For The Record VII: Even Still More Encouraging Words for Ordinary Catholics; Sophronismos Press, 2009

For The Record VIII: Ongoing Encouraging Words for Ordinary Catholics; Sophronismos Press, 2010

For The Record IX: Continuing Encouraging Words for Ordinary Catholics; Sophronismos Press, 2011

For The Record X: Celebrating Ten Years of Encouraging Words for Ordinary Catholics; Sophronismos Press, 2011

**Para información acerca de la adquisición de sus libros en formato electrónico o ediciones impresas, vean:
www.ronknottbooks.com**

RECONOCIMIENTOS

Quiero agradecer de manera especial a los sacerdotes que fueron mis maestros en el Seminario de Santo Thomas (1958-1964), los monjes del Seminario de San Meinrad (1964-1970), y los sacerdotes del Presbiterado de Louisville, mis mentores desde mi ordenación en 1970.

Quiero agradecer de una manera muy especial al Arzobispo Thomas C. Kelly, O.P. (Orden de los predicadores), mi obispo, quien siempre me ha dado libertad para explorar nuevas formas ministeriales como sacerdote.

Quiero agradecer a aquellos que leyeron este manuscrito y me animaron y me dieron críticas constructivas y valiosas: David Gaffney, seminarista especial de la Diócesis de Nasville, Linda Baner, Directora Asociada de Vocaciones de la Arquidiócesis de Louisville, Hermana Shirley Ann Warner, Universidad Estatal de Ohio, (Directora del Ministerio Supervisado e Instructora de Estudios Pastorales) y al Padre Bernard Lutz (Pastor en Residencia-Residente de la Escuela Meinrad de Teología (Meinrad School of Theology).

Y, finalmente, aunque no menos importante, agradezco a Lori Massey por editar este manuscrito y ponerlo en formato de libro.

Una cosa es prometer dedicar nuestra vida a un gran propósito y otra es cumplir la promesa.

Tomado de la INTRODUCCIÓN

TABLA DE CONTENIDO

Introduccíon 11

Cambios: El Primero de Muchos 15

Decídete a Crecer 19

¿Qué Clase de Sacerdote Serás? 23

Cuando los Ideales se Enfrentan con la Realidad 37

De Persona Privada a Pública 45

Salida del Seminario: Aspectos Sobre la Partida 49

Llegada a Una Parroquia 55

Falta de Imaginación, La Guerra por las Formas,
   Lenguaje que Desanima 61

Límites Ministeriales 71

La Espiritualidad del Sacerdote Diocesano 75

¿Cuáles Son las Ayudas Disponibles para los
   Sacerdotes Diocesanos? 89

Recuerda por Qué Hacemos lo Que Hacemos 97

Cuida a Tu Vocación 101

Conclusión 107

Citas Bibliográficas 113

Bibliográficas 115

INTRODUCCIÓN

La mejor manera de vencer el miedo es enfrentándolo.
John Wayne

El significado etimológico de seminario se refiere a un lugar donde se germinan las semillas y se trasplantan las plantas, un invernadero, si se quiere. Debido a su naturaleza, el ambiente de un seminario es temporal, protegido, controlado e intensamente monitoreado. Allí las incipientes plantas son nutridas hasta que se desarrollen lo suficiente para que sobrevivan al trasplante, y se desarrollen en un ambiente normal, adecuado para crecer. La transición del ambiente protegido al ambiente normal requiere mucho cuidado. Si las plantas no están maduras o el ambiente es áspero, esta transición puede causar que las plantas entren en shock. Y al entrar en shock, las plantas dejan de crecer y se vuelven susceptibles a las enfermedades. Todas las plantas experimentan un grado de shock cuando se trasplantan, pero cuando este es muy fuerte, frecuentemente mueren.

El seminario también es un lugar donde se entrenan jóvenes y se preparan para trasplantarlos a posiciones ministeriales como sacerdotes de la Iglesia. Para la mayoría de los sacerdotes diocesanos, esto significa servir en una parroquia. Debido a su propia naturaleza, un seminario tiene un ambiente temporal, protegido, controlado e intensamente monitoreado. Es un mundo aislado del ambiente normal en donde viven los discípulos de la Iglesia y del mundo. Al igual que las plantas, el trasplante del seminario a la parroquia puede causarles a quienes hacen esta transición que experimenten su propia versión de shock, haciéndolos susceptibles a un sinfín de problemas que puede conducirlos a dejar para siempre su ministerio.

Aunque la Iglesia siempre ha perdido algunos de sus sacerdotes después de su ordenación, hoy en día este hecho se ha convertido en un serio problema. Se ha demostrado que es realmente peligrosa nuestra práctica común de ordenar sacerdotes para luego enviarlos a presbiterados reducidos y desmoralizados en donde tienen que valerse por sí solos. En la actualidad, entre el 10 y el 15 por ciento de los sacerdotes recién ordenados no alcanzan a terminar los primeros cinco años de sacerdocio, y muchos otros luchan por mantenerse en él. Estos hechos nos indican que no se está prestando la debida atención a la transición del seminario al sacerdocio.

Aunque 35 años de experiencia como sacerdote no me convierten necesariamente en un experto pero sí tengo algunas experiencias que compartir. Sobreviví mi propia precaria transición del seminario al sacerdocio. Durante los últimos 35 años he servido como sacerdote diocesano en diferentes puestos. He sido misionero doméstico, párroco rural, y rector de catedral. He predicado en cientos de parroquias. He dirigido 55 misiones parroquiales. Fui durante siete años director de vocaciones. He sido, y continúo siéndolo, profesor de un seminario. He leído todos los documentos recientes sobre este tema y escribí un libro para los seminaristas sobre cómo ser miembros de sus presbiterados. Producto de estas experiencias, dedico este libro y sus reflexiones a aquellos de ustedes que están haciendo la transición del seminario al sacerdocio diocesano, con la esperanza de que les sea útil, y al menos sepan qué esperar. Sabiendo qué les espera, quizás estén más preparados para manejar acertadamente este proceso.

¡Advertencia! El sacerdocio no es para cobardes ni débiles. Aquellos que añoran la seguridad y el confort de un pedestal, o quienes solamente se conforman con representar un papel, no deben intentarlo. Se requiere fe, humildad y fuerza interior para obrar in persona Christi, especialmente en la Iglesia de hoy. En resumen, el sacerdocio consiste en tener el fervor del apóstol para dar la vida por el pueblo de Dios, en los buenos y en los malos tiempos.

El camino hacia el sacerdocio es un viaje heroico, una búsqueda. La lucha por descubrir la fuerza interior para apoyar la búsqueda exterior es una constante en todas las grandes tradiciones de la mitología, el folklor y las leyendas.

Esta lucha también es la esencia del viaje de los guías espirituales de todo el mundo. Es usual que los grandes guías espirituales se sometan a múltiples pruebas internas y externas de la fe y la disciplina, según buscan cumplir sus metas de prestar un servicio compasivo a los demás y dominarse a sí mismos. En la búsqueda hay dragones que vencer, montañas que escalar, desiertos que conquistar, ríos que cruzar, temporales que capear, tanto internos como externos. Aquellos que toman en serio la búsqueda lo saben y siguen adelante. Los cobardes se sorprenden y huyen.

Estas "pruebas internas y externas de fe y disciplina" también hacen parte de la disciplina cristiana, especialmente para aquellos que continúan el ministerio apostólico. Cuando Pedro reprendió a Jesús para que no siguiera hablando del sufrimiento que le esperaba, Jesús llamó a Pedro "Satanás" y les recordó a sus discípulos: "Si alguno quiere venir en pos de mí, niéguese a sí mismo, tome su cruz y sígame." (Mateo 16:21-25).

Pedro se convirtió en el modelo de aquellos recién llegados al discipulado hablador cuando dijo: "Aunque todos se escandalicen de ti, yo nunca me escandalizaré. Aun cuando Jesús predijo que Pedro lo negaría tres veces, éste alardeó: "Aunque tenga que morir contigo, yo no te negaré." Así como lo aprendieron los discípulos rápidamente, y desde entonces también los grandes santos; una cosa es prometer nuestra vida para un gran propósito, y otra es cumplir esa promesa.

Cuando fui pastor de la Catedral de la Asunción en Louisville desde 1983 hasta 1997, tuve el honor de vivir en la rectoría con el Arzobispo Thomas C. Kelly, OP. Después de desayunar siempre salía de la cocina diciendo: "¡Bueno, me voy a luchar contra el mal!" Por su manera de mirar cuando regresaba a la hora de la cena era obvio que no había ganado todas las batallas. Sin embargo, sin importar los resultados de otros obispos y sacerdotes de hoy, él salía todas las mañanas con fe para luchar contra "el enemigo."

Este librito está escrito para animar a los héroes de hoy, a los sacerdotes recién ordenados que salen en búsqueda del sacerdocio diocesano en la Iglesia polémica de hoy. Este no es un libro religioso sobre las glorias del sacerdocio, escrito desde una torre de marfil. Está escrito por un sacerdote que ha estado en la lucha durante muchos años.

¡Advertencia! Este libro habla más sobre cómo capear el temporal que sobre cómo disfrutar de la calma, no porque yo sea pesimista, sino porque creo que es más útil ser honesto en este importante momento de transición. Por otra parte, si yo solamente hablara de los problemas que afrontan los sacerdotes recién ordenados, entonces este libro no serviría de mucho si no incluyera consejos sobre cómo solucionarlos. Como dijo Johnny Sain: "Nadie quiere saber de los dolores de parto, sólo conocer al bebé." Definitivamente, soy optimista sobre el futuro del sacerdocio, pero creo que es de gran valor hablar con franqueza sobre cómo solucionar los problemas inherentes al sacerdocio de hoy en día. Espero que la sabiduría que hay aquí, producto de la experiencia, ayude a aquellos que empiezan el sendero del sacerdocio.

El resumen, para mí y para el 90 por ciento de los sacerdotes estadounidenses, es que somos felices y que ciertamente lo haríamos otra vez, a pesar de tantas dificultades que rodean al sacerdocio de hoy. Tomando de la letra de una vieja canción góspel, la mayoría de nosotros "no nos llevaremos nada en nuestro viaje." A nombre suyo, les doy la bienvenida en su búsqueda a ustedes, seminaristas a punto de ordenarse. Como dijo Santa Teresa: "Aquel que sea consciente que está favorecido por Dios, tendrá el coraje necesario para hacer grandes obras."

En cuanto a mí, me encanta ser sacerdote, siempre me ha gustado y espero que me siga gustando. Sin embargo, no lo dejo al azar; con la ayuda de Dios estoy dedicado a "cultivar mi propio huerto." Recomiendo ampliamente que te comprometas a hacer lo mismo. No dejes tu felicidad y efectividad al azar. Realmente Dios ayuda a quienes se comprometen a ayudarse a sí mismos.

Reverendo J. Ronald Knott, Director,
Instituto de Sacerdotes y Presbiterados
Saint Meinrad School of Theology
St. Meinrad, Indiana 47577
Día de los Santos Inocentes
Diciembre 28 de 2004

CAMBIOS: EL PRIMERO DE MUCHOS

La única constante en la vida es el cambio
Francois de la Rochefoucald

La transición del seminario al ministerio sacerdotal es similar a dejar el hogar, graduarse de la secundaria, iniciar una carrera, casarse y empezar una familia, pero todo al mismo tiempo.[1]

La salida del seminario e ingreso al ministerio sacerdotal, que usualmente es un evento sumamente esperado, con frecuencia es una ocasión de duelo inconsciente por lo que se ha dejado atrás, y de ansiedad consciente por lo que viene. Esta transición señala un cambio de la rutina previsible de estudiante a una situación incierta en medio de un nuevo grupo de compañeros de trabajo y tareas cotidianas ya establecidas, pasar del desarrollo y formación individual como seminarista a concentrarse en el servicio y misión que prestará a los demás como sacerdote ordenado.

Aun cuando la identidad del sacerdote recién ordenado se confiere en la ordenación, puede que no sea ejercida total y conscientemente por algún tiempo. Esta transición puede ir acompañada de desilusión, resistencia, e incluso crisis. Con frecuencia esto ocurre entre los primeros 3 y 18 meses del sacerdocio. Algunas veces representa un momento breve, y otras uno más prolongado. Aprendemos, de la manera más dolorosa, que no se le presta la debida atención a esta transición inicial.

La transición de seminarista a sacerdote es la primera de muchas en la vida sacerdotal. A la transición inicial le sigue una tras otra: de vicario parroquial a párroco por primera vez, de párroco por primera vez a párroco de otra parroquia y luego de otra. De la adultez a la edad media de la vida y, finalmente, de la edad media de la vida a la que ha sido llamada "la tercera edad," de los 65 a los 95 años o más.

Las tareas y retos de todas estas transiciones pueden ser agrupadas alrededor de las mudanzas básicas de la salida, llegada, instalación y nuevamente salida. Cada transición combina retos sicológicos y espirituales. "Las aves del cielo tienen nidos, pero el hijo del hombre no tiene donde reclinar la cabeza."

En la Sagrada Escritura, la historia del Éxodo nos ofrece un mapa útil para el proceso de transición, bien sea en la Iglesia en general o para los sacerdotes y otras personas en particular. El paradigma del Éxodo parece tener cuatro movimientos: una partida con emoción, un período de desilusión, una llamada a perseverar y, finalmente, un período de integración.

Cuando Moisés guió al pueblo fuera de Egipto hacia la Tierra Prometida, todos tenían imágenes de leche y miel dándoles vueltas en la cabeza. Poco después de empezar su viaje llegaron al desierto, un lugar de hambre, sed y peligro; un lugar desconocido lleno de incertidumbre y dudas. Agotados y sin esperanza, se quejaban y añoraban los buenos viejos tiempos. Querían volver a lo conocido. Moisés, que tenía la obligación de mantener sus esperanzas vivas, los animaba a seguir adelante. Finalmente, después de cuarenta años de vagar por el desierto vieron la Tierra Prometida en el horizonte y llegaron a ella.

Partir con emoción, pasar por un período de desilusión, una llamada a perseverar y un tiempo de integración hacen parte de cada transición, bien sea la remodelación de una casa, el camino a la sobriedad, un nuevo matrimonio, una esposa abusada dejando a su abusador, la Iglesia en proceso de renovación, un seminarista ordenándose como sacerdote, o un sacerdote pasando por diferentes asignaciones. "En cada pasaje del crecimiento humano debemos despojarnos de la estructura protectora (como un crustáceo duro). Estamos expuestos y vulnerables –también con sabor a levadura y embrionarios otra vez, capaces de estirarnos de maneras que no sabíamos que podíamos." (Gail Sheehy).

Yo les digo a todos los seminaristas que están a punto de ordenarse: "Esperen el desierto. Es parte del trato." Cuando llegues al desierto, y llegarás, cuando lo conquistes estarás todavía más preparado y adaptado para el ministerio sacerdotal. Tras haber conquistado a muchos de tus desiertos, no concluyas que has cometido un error. Conquista tu desierto y tendrás la sabiduría (know-how) para guiar a los demás a través del desierto.

TEMAS DE DISCUSIÓN

1. Recuerda las mayores transiciones que hayas experimentado hasta este momento de tu vida. ¿Cuáles te ocurrieron al azar y cuáles escogiste a propósito? ¿Te sentiste impotente o poderoso?

2. ¿Cuáles son los cambios más importantes que ocurrirán en tu vida en el futuro cercano, y qué planes tienes para adaptarte a ellos?

3. ¿Cuál crees que será el ajuste más difícil que tendrás que hacer?

4. ¿A quién puedes acudir en caso de problemas, y por qué crees que pueda ayudarte?

5. ¿Cómo puedes, con tu experiencia, ayudar a ajustarse a los cambios a quienes están pasando por ellos, bien sea a propósito o al azar?

DECÍDETE A CRECER

*Porque no nos dio el Señor a Nosotros un espíritu de timidez,
sino de fortaleza, de caridad y templanza*
II Timoteo 1:7

Es el momento de hablar con franqueza. La transición del seminario al sacerdocio requiere, por encima de todo, una decisión consciente de crecer. "Cuando yo era niño, hablaba como niño, pensaba como niño, razonaba como niño. Al hacerme hombre, dejé todas las cosas de niño." (I Corintios 13:11).

Cuando yo iba de parroquia en parroquia, dentro de mi estado y por todo el país, en misiones de predicación, retiros y días de recordación de los católicos apóstatas y, especialmente, cuando viajaba dando charlas sobre las vocaciones en calidad de Director de Vocaciones, escuché mucho sobre qué esperaban los católicos de los sacerdotes. Mi percepción es que los laicos están cansados de la inmadurez, mal servicio, incompetencia e inhabilidad para orientar de los sacerdotes. Puede que en el pasado ellos nos hayan permitido salirnos con la nuestra en este tipo de cosas, pero ya no más. Los laicos de hoy día esperan y merecen, más que nunca, párrocos competentes que posean la habilidad de obtener y coordinar el carisma del pueblo.

Alguien, además del Padre Andrew Greeley, debe estar diciendo: Justo lo que menos necesita la Iglesia hoy en día es otro muchachito dependiente e inmaduro con cuello clerical, que no pudo tener éxito en el mundo real. Hay demasiadas caricaturas absurdas que tienen todos los símbolos del sacerdocio, pero que carecen de la capacidad de funcionar como sacerdotes efectivos. Ya tenemos demasiados sacerdotes que ven en su ordenación una garantía para poder ingresar a las parroquias, como si éstas fueran sus beneficios feudales personales y que les dan derecho a ser cuidados por el resto de sus vidas, sin importar qué tan malo sea el servicio que presten. O lo inmaduros, ineptos y estúpidos que creen que el cuello clerical les garantizará un respeto que no han ganado.

Parafraseando a Bernard Shaw, los laicos de hoy están cansados, también, de "los egoístas febriles llenos de padecimientos y agravios, que se quejan de que el mundo no se dedica a hacerlos feliz."

Robert Bly es el autor de *La Sociedad de los Hermanos* (*The Sibbling Society*), un libro sobre "una cultura en la que los adultos siguen siendo niños y los niños no quieren ser adultos." Michael Ventura y James Hillman, coautores de *Cien años de Psicoterapia y el Mundo va Peor* (*We've Had 100 Years of Psychotherapy and the World's Getting Worse*) afirman que hoy en día la adolescencia dura desde los 13 años hasta la mediana edad.

La cultura de "la adolescencia perpetua" está afectando tanto al matrimonio como al sacerdocio, los dos sacramentos dirigidos a la salvación. El alto índice de divorcios, y de los sacerdotes recién ordenados que abandonan el sacerdocio, puede ser el resultado de aquellos que se niegan a crecer y hacen compromisos serios, que afectan a los demás, y que espiritual y emocionalmente son incapaces de mantener.

Lo que los laicos quieren, y merecen, son guías espirituales competentes y maduros que sean buenos y también buenos en lo que hacen. Ellos quieren hombres íntegros y competentes llenos de fe, compasivos, con los pies sobre la tierra, que los guíen e inspiren, no pequeños demagogos carentes de habilidad, autocontrol y disciplina personal que los traten despóticamente. Andrew Greeley dijo que "son descuidados en sus actividades profesionales y despectivos con sus laicos." Los laicos quieren directores espirituales elocuentes que "practiquen lo que predican." Quieren sacerdotes que prediquen bien y guíen bien; y sí, también quieren un poquito de amabilidad cuando sean recibidos en sus despachos y atendidos por teléfono.

San Pablo le dijo a Timoteo que los laicos quieren que sus sacerdotes tengan "fortaleza, caridad y templanza."

FORTALEZA

En su segunda epístola, Pablo le escribe a un joven asustado, al joven misionero Timoteo. Timoteo estaba emprendiendo una tarea aparentemente imposible, enfrentaba la oposición de la Iglesia y del Estado, y se sentía abrumado por su propio temor al fracaso. Pablo le recuerda que el Espíritu le dará *dunymis, agape* y *sophronismos,* fortaleza, caridad y templanza, haciéndolo fuerte, caritativo y prudente.

Dunymis, se traduce como *fortaleza,* que aquí se usa en el sentido de la *aptitud para enfrentar la vida eficazmente, la fortaleza para hacer bien lo que se debe hacer.*

Los sacerdotes tienen una triple función en la Iglesia: predicar la Palabra, presidir la celebración de los sacramentos y guiar a la comunidad. Ellos no son los únicos guías, pero al fin y al cabo son guías. El pueblo quiere fortaleza de sus sacerdotes, no autoritarismo. El autoritarismo desestima la legítima función de los demás también como responsables de llevar a cabo alguna parte del trabajo de Cristo, dado a ellos en el bautismo. Los sacerdotes de hoy en día deben recordar que cuando se ejerce la autoridad debidamente se hace no tanto para mandar como para servir.

La abdicación de la autoridad es igualmente destructiva para la Iglesia. Algunos sacerdotes asumen que animar al ministerio de los laicos significa abdicar su autoridad pastoral, permitiendo toda forma de locura (la de ellos mismos y la de los demás) para llenar el vacío. Más bien, como el Papa Juan Pablo II nos dice en la exhortación postsinodal *"Pastores dabo vobis,"* a medida que los ministros laicos se desarrollan la necesidad de sacerdotes efectivos y santos es mayor. Una de las funciones de los sacerdotes es preservar el bien común de la comunidad. Para hacerlo, él no solamente debe tener un punto de vista personal, sino moverse regularmente al punto de vista de los demás. Desde ahí puede apreciar su propio punto de vista al igual que el de los demás.

Un líder *fuerte* es aquel que tiene integridad, disciplina, valor y confianza, y que puede inspirar estas mismas cualidades en los demás.

CARIDAD

Agape traducida como *caridad*, no significa solamente el amor sentimental hacia las personas. Significa *amabilidad práctica*. La buena voluntad y los buenos sentimientos no son suficientes para aquellos que van a ser los párrocos de nuestras parroquias de hoy. La amabilidad práctica, competencia, si se quiere, es el servicio prestado con amor que la gente necesita de sus líderes de la Iglesia.

TEMPLANZA

Sophronismos, término griego difícil de traducir, significa autocontrol, prudencia, templanza o moderación. El ser una bala perdida, especialmente bajo presión, es una característica peligrosa de un guía pastoral. Si éste no puede controlarse en tiempos de pruebas difíciles, cómo puede ser posible que pueda guiar a los demás en momentos de prueba y pánico. La calma, la serenidad, el sosiego, y el mantener las buenas maneras bajo presión son cualidades que el sacerdote necesitará muchas veces durante el ministerio pastoral.

TEMAS DE DISCUSIÓN

1. ¿Qué es lo que más esperas como sacerdote? ¿Cuál es tu mayor temor cómo sacerdote?

2. ¿Qué enseña la Iglesia con respecto a las relaciones entre los ministros ordenados y los laicos?

3. ¿Qué significa para ti ser una autoridad?

4. ¿A quién conoces en el sacerdocio que mejor exhiba las cualidades de fortaleza, caridad y templanza? ¿Por qué?

5. ¿Cuál de estas tres cualidades anteriores crees tú, personalmente, que sea tu mejor cualidad?

6. ¿Cuál de estas tres cualidades crees tú que necesitas desarrollar más?

¿QUÉ CLASE DE SACERDOTE SERÁS?

> *La caridad es paciente, es servicial; la caridad no es envidiosa, no es jactanciosa, no se engríe; es decorosa; no busca su interés; no se irrita; no toma en cuenta el mal; no se alegra de la injusticia; se alegra con la verdad. Todo lo excusa. Todo lo cree. Todo lo espera. Todo lo soporta. Ahora subsisten la fe, la esperanza y la caridad, estas tres. Pero la mayor de todas ellas es la caridad.*
> *I Corintios 13: 4-7,13*

Mediante la ordenación te convertirás en un sacerdote, siempre lo serás. Es un don. No solamente has sido llamado al sacerdocio general, sino que también has sido llamado a ser sacerdote diocesano o religioso. Cuando el llamado al sacerdocio va a la par con la atracción a estar con el pueblo de Dios en un determinado lugar y servirle bajo el ministerio de una parroquia, entonces se llama sacerdocio diocesano.

Como sacerdote diocesano, has sido llamado desde el laicado a vivir entre los laicos y a concentrar tu ministerio en la misión y espiritualidad del laicado. Para la mayoría de sacerdotes diocesanos, esto significa ser el párroco de una parroquia. Como sacerdote religioso, has sido llamado a hacer votos, servir, vivir y orar en comunidad, observando los reglamentos y viviendo el carisma de la orden a la cual perteneces. Algunos sacerdotes religiosos trabajan con los diocesanos como miembros de algún presbiterado, mientras permanecen en la diócesis, como párrocos, párrocos asociados o en otros ministerios diocesanos.

Ahora que serás un sacerdote diocesano, ¿qué *clase* de sacerdote querrás *ser*? Tu historia familiar, tu personalidad, tu experiencia pastoral, o falta de ella, tus perspectivas en el seminario, lo que decidiste aceptar o rechazar en tu formación afectarán la forma de tu sacerdocio de diversas formas, conscientes o inconscientes. Lo admitan o no, todos los sacerdotes son sacerdotes de cafetería, que toman y escogen de los libros de teología sobre el sacerdocio y de otros muchos modelos que han conocido, para ensamblar su versión del sacerdocio, aun aquellos que juran ser verdaderos seguidores del magisterio.

¿Puedo ser como el Arzobispo Oscar Romero, o como el Cardenal Joseph Bernardin; o como el Papa Juan Pablo II, o como Juan XXIII; o como San Juan María Vianney, o como el Padre Andrew Greeley; o como el Padre Philip Berrigan, o como el padre Benedict Groeschel; o como el párroco con el que crecí y pasé mi verano como diácono? ¿Debo obedecer al Papa, pero no a mi Obispo? ¿Debo hacerme cargo de los asuntos referentes al aborto, pero no los de la pena capital; asuntos litúrgicos, pero no ecuménicos o interreligiosos? ¿Debo honrar al Concilio de Trento, pero no al del Vaticano II? ¿Puedo trabajar solamente en la ciudad, pero no en el campo; solamente con monjas con hábitos, pero no con las de traje de calle; solamente con hombres, no con mujeres; solamente con conservadores, no con liberales?

Ahora que serás un sacerdote, ¿qué clase de sacerdote *querrás* ser? ¿Sabes, incluso, por qué escogiste lo que escogiste? ¿Entiendes *por qué* tu propia experiencia ha moldeado las decisiones que estás tomando? ¿Puedes respetar las decisiones de otros sacerdotes que los han llevado a escoger opciones diferentes de las tuyas?

Hay una vieja fábula sobre seis ciegos y un elefante que vale la pena incluir aquí:

Parábola de los Ciegos y el Elefante
(Versión hecha por John Godfrey Saxe (1816-1887) de la famosa leyenda hindú)

> Cuentan que, en el Indostán,
> determinaron seis ciegos
> estudiar al elefante,
> animal que nunca vieron.
> (Ver no podían, es claro,
> pero sí juzgar, dijeron)
>
> El primero se acercó
> al elefante, que en pie
> se hallaba. Tocó su flanco

alto y duro; palpó bien
y declaró: El elefante
es ¡igual que una pared!

El segundo, de un colmillo
tocó la punta aguzada,
y sin más dijo: ¡Es clarísimo!,
mi opinión ya está tomada:
Bien veo que el elefante
es ¡lo mismo que una espada!

Toca la trompa el tercero,
en seguida, de esta suerte
habla a los otros: Es largo,
redondo, algo repelente...
¡El elefante - declara –
es una inmensa serpiente!

El cuarto, por una pata
trepa, osado y animoso;
¡Oh, qué enorme tronco! - exclama.
Y luego dice a los otros:
Amigos, el elefante
es ¡como un árbol añoso!

El quinto toca una oreja
y exclama: ¡Vamos, amigos,
todos os equivocáis
en vuestros rotundos juicios!,
yo os digo que el elefante
es ¡como un gran abanico!

El sexto, al fin, coge el rabo,
se agarra bien, por él trepa...:
¡Vamos, vamos, compañeros;
ninguno en su juicio acierta!
El elefante es..., ¡tocadlo!,
una soga... Sí, ¡una cuerda!

> Los ciegos del Indostán
> disputan y se querellan;
> cada uno está seguro
> de haber hecho bien su prueba...
> ¡Cada uno tiene un poco
> de razón... y todos yerran!

Todos estamos en contacto con la verdad, pero ninguno de nosotros experimentamos toda la verdad. La Iglesia es portadora de "la Verdad," pero individualmente experimentamos parte de esa gran Verdad. Por ello es que "el ojo no le puede decir al oído: ¡no te necesito!" Como católicos, nuestro carisma es tener diferentes experiencias sobre la verdad, juntos en una gran Verdad. Como pastor y promotor del bien común, no tendrás el lujo de tener solamente un punto de vista Tendrás que apreciar y negociar muchos puntos de vista. Abraza la verdad, pero siempre en su profundidad.

El problema no es con la verdad, más bien con nuestra percepción, comprensión y entendimiento de la verdad. Algunas personas confunden sus convicciones, fervor y pasión con cierta posición dentro de la misma verdad. "Si estoy seguro, entonces debe ser verdad." Uno solamente tiene que pensar en aquellos de la Iglesia que en tiempos pasados estaban convencidos de que la tierra era plana y que el sol giraba alrededor de ella. Su certeza y defensa rígida de esta certeza no hicieron que esta fuera verdadera. Antes de su conversión, cuando todavía era Saúl, Pablo se refería a sí mismo como "un fiel, defensor de Dios" cuando estaba en su cruzada para eliminar a los seguidores de "este nuevo camino." Pablo arrestaba tanto a hombres como mujeres seguidores de Jesús. Incluso fue a Damasco para arrestar a los cristianos y traerlos de regreso a Jerusalén para castigarlos. El recto joven Saúl se paraba a observar entre aquellos que habían apedreado a Esteban hasta la muerte. Según Hechos 8:1, "Saúl aprobaba su muerte." Dios tuvo que "bajarlo de esa nube." La certeza arrogante de la certidumbre, combinada con la ignorancia, siempre resulta en desastre.

Dicho esto, hay diferentes clases de sacerdotes que querrás emular y otros que querrás evitar.

EL SACERDOTE QUE EL PUEBLO QUIERE

Los sacerdotes son ante todo seres humanos débiles. Realmente ninguno merece esta vocación, pero Dios siempre escoge a los débiles y los hace fuertes para que sean sus testigos. Los apóstoles eran débiles: Pedro negó a Jesús, Judas lo traicionó, y excepto Juan, los demás apóstoles lo abandonaron en su hora más negra, A excepción de Judas todos fueron fortalecidos por el Espíritu Santo y se convirtieron en grandes santos.

Los laicos necesitan saber que la validez del mensaje no depende de la bondad del mensajero. La falta de mérito del sacerdote no impide que Cristo obre. Como dijo San Agustín: El don de Cristo no va a ser profanado por un ministro débil. Lo que llega a través de él conserva su pureza, y lo que pasa a través de él permanece limpio. Lo que atraviesa seres manchados, no se mancha, porque el ser humano profano no es en sí profano.

Habiendo dicho esto, el papa Juan Pablo II es el que ha descrito mejor al sacerdote que la gente quiere, cuando escribió: "Por esto la formación humana del sacerdote expresa una particular importancia en relación con los destinatarios de su misión: precisamente para que su ministerio sea humanamente lo más creíble y aceptable, es necesario que el sacerdote plasme su personalidad humana de manera que sirva de puente y no de obstáculo a los demás en el encuentro con Jesucristo Redentor."[2]

Ser puentes, no obstáculos. La gente quiere que sus sacerdotes sean íntegros, santos y efectivos, y que sean parábolas del discipulado cristiano. "Necesitamos heraldos del Evangelio que sean expertos en humanidad, que hayan compartido plenamente la alegría y las tristezas de nuestro tiempo, pero que sean, al mismo tiempo, contemplativos en amor con Dios."[3]

Los sacerdotes felices y sanos[4] están orientados realísticamente; son sacerdotes espontáneos, se aceptan a sí mismos y a los demás; son sacerdotes que resuelven problemas, son autónomos e independientes, creativos, con sentido del humor, inconformes, positivos y sinceros.

Si los sacerdotes se desempeñan bien, entonces son arriesgados, entusiastas integrados y coherentes, tienen voluntad propia, confían en sí mismos, y están auto realizados. Son personas con alta auto estima que generalmente aceptan la manera como la vida las tratas. Son participantes activos en lugar de receptores instintivos. En lugar de temer a los cambios, los enfrentan, porque saben que son parte insalvable de la vida. Los sacerdotes sanos han tomado la decisión de aceptar los retos y cambios, y los ven como revitalizadores. Poseen un sentido de unidad y balance en sus vidas.

Los sacerdotes sanos mantienen un sentido realístico de las complejas demandas, toman decisiones apropiadas sobre cómo usar su tiempo y son capaces de ver la situación completa sin perderse en detalles. Su honestidad les permite mantener un sentido de visión y pasión por su misión.

A los sacerdotes felices les encanta que los demás confíen en ellos y también quieren confiar en los demás. Los sacerdotes bien adaptados han aprendido a buscar apoyo y resolver sus necesidades para obtener una intimidad apropiada de formas sanas y variadas.

Estos sacerdotes creen en Dios y en sí mismos. Creen que lo que hacen es valioso, que la Buena Nueva es **el** mensaje importante para el mundo, y esperan la venida del reino cuando Dios lo decida.

Los sacerdotes santos mantienen una relación con Jesús, comprometiéndose en prácticas espirituales como la oración, la lectura y el estudio de las Escrituras, además de la celebración de la Liturgia. Los sacerdotes efectivos son siempre conscientes de la presencia permanente de Dios en sus vidas. Creen que Dios es parte fundamental de ellas y de su ministerio, que Dios está obrando a través de ellos y que ellos recibirán más a cambio de lo que dan ejerciendo su ministerio.

EL SACERDOTE "PROFETA"

Hoy la Iglesia tiene muchos grandes profetas. Algunos son sacerdotes, otros no; algunos son católicos, otros no; algunos son individuos, otros son grupos. Algunos de estos profetas y grupos proféticos hablan **en nombre de** la Iglesia y otros hablan a la Iglesia.

Los profetas no son algo así como entes que predicen el futuro, sino más bien personas que nos hacen ver lo que está sucediendo en el presente, ante nuestros ojos, las cosas que no queremos ver. Por lo tanto, son personas más de revelación que de previsión. Los profetas vienen en diferentes presentaciones.

El Papa Juan Pablo II y la Conferencia Nacional de Obispos Católicos (National Conference of Catholic Bishops) ciertamente han sido proféticos en sus encíclicas y cartas pastorales sobre la guerra, la economía, el aborto y la pena capital, por nombrar sólo algunas. La Madre Teresa de Calcuta ha sido una profetisa que despertó nuestra conciencia para el compromiso con los más pobres de los pobres.

No todos los sacerdotes que hablan abiertamente son profetas. Algunos autodenominados profetas son solamente personas enojadas a quienes les encanta resolver sus problemas personales bajo el amparo de un "ministro furioso," ofreciendo más furia que luz, y sin que nunca exista una figura con autoridad, mujer, liberal o conservador a quienes no odien. Otros autodenominados profetas han madurado para parecerse al Dios malo que sus mentes han creado, ofreciendo nada más que una vida entera de discursos sobre "pecadores en manos de un Dios furioso." Todas las personas que ellos conocen deben ser condenadas por una u otra razón.

Desagradable, enojado y criticón no son sinónimos de profético. A diferencia de un verdadero profeta que dice la verdad con amor, a ellos simplemente les gusta oírse a sí mismos despotricar, pensando que pueden demostrar su compromiso forzando a otros a comprometerse. Una firme convicción de que algo es de una manera no hace necesariamente que este lo sea. Los fanáticos tienden a ser personas monotemáticas. Al fin de cuentas de la historia, el fanático y el inquisidor siempre han resultado perdedores. La única arma segura contra las malas ideas son las buenas ideas.

EL SACERDOTE "COMPETIDOR"

"Yo hago mejor cualquier cosa que tú hagas." La envidia y la competencia han sido durante mucho tiempo, probablemente desde sus comienzos, el lado oscuro de la cultura clerical. Cuando los apóstoles Santiago y Juan fueron sorprendidos tratando de ocupar los mejores lugares en el nuevo reino de Jesús tuvieron que enfrentar la indignación de los diez apóstoles restantes, al igual que una fuerte reprimenda de Jesús.

El Plan Básico para la Formación Permanente de Sacerdotes (*Basic Plan for the Ongoing Formation Priests*) dedica bastante espacio al asunto de la envidia y competitividad clericales. Te guste o no su trabajo, el Padre Andrew Greeley dice algo importante en su libro *Sacerdocio: Vocación en Crisis* (*Priests: A Calling in Crisis*), (pp. 107-108). Él habla acerca de la práctica de igualar que ocurre en los presbiterados, en donde los sacerdotes se niegan a reconocer el trabajo de los demás sacerdotes por miedo a que esto les quite algo de sí mismos.

El Padre Greeley dice que "para ser un miembro de buena reputación, en la cultura clerical, los miembros no deben tratar de ser buenos en algo o expresar puntos de vista inusuales, o criticar las practicas corrientes o incluso leer demasiado. Está bien tener unas cuantas ideas, pero es peligroso tener demasiadas." Cuando un laico menciona que el Padre tal es buen predicador, la respuesta del sacerdote "competidor" podría ser: "Sí, él es un buen predicador, pero no se lleva bien con los niños," o "él es realmente bueno, pero lo único que hace durante toda la semana es preparar su sermón;" o "todo el mundo dice eso, y probablemente sea cierto, pero no es fácil vivir con él."

EL SACERDOTE "AMBIVALENTE"

"Nadie que pone la mano en el arado y mira hacia atrás es apto para el Reino de Dios." Algunos sacerdotes pasan toda su vida sacerdotal en una crisis perpetua de identidad, añorando siempre el pasado, mirando a su alrededor en busca de oportunidades o haciendo conjeturas sobre las decisiones que deben tomar. En vez de buscar buenas razones para quedarse, siempre están buscando razones para rendirse y renunciar. Con el corazón dividido están físicamente dentro del sacerdocio pero emocionalmente fuera de él, pasando más tiempo cuestionando su vocación que escuchándola.

Jesús no lo habría podido haber dicho mejor: "Porque donde esté tu tesoro, allí estará también tu corazón. Nadie puede servir a dos señores; porque aborrecerá a uno y amará al otro; o bien se entregará a uno y despreciará al otro." (Mateo 6: 21, 24). La palabra decisión significa dividir en dos, es decir que algo es aceptado y algo es rechazado. Un sacerdote debe enfocarse en lo que ha abrazado, y dominar los ojos y el corazón en relación con lo que ha dejado atrás.

EL SACERDOTE "TREPADOR"

Cuando yo era seminarista, se decía que "el hombre con un plan" tenía fiebre escarlata. Esta enfermedad se manifiesta por un deseo desmesurado de usar el color fucsia. Con el propósito de ser obispo, este sacerdote es uno de los que siempre dice lo correcto, está siempre en el lugar preciso en el momento preciso y siempre dice lo que se espera de él. Él es el tipo de persona que se convierte en miembro, en calidad de seminarista, de La Sociedad de Derecho Canónico (*Canon Law Society*). Escoge el seminario adecuado, es el primero en profesarle lealtad al Santo Padre y se sabe de memoria los nombres de todos los obispos estadounidenses y sus fechas de ordenación. Se sabe los nombres de algunas de las vestiduras clericales poco conocidas, y si se supiera la verdad, se sabría que guarda un solideo en el cajón de los calcetines, en caso de emergencia.

¿Liberal? ¿Conservador? Pudo ser lo que hubiera sido más oportuno. En el fondo de esta sed de poder está el fracaso por no entender que el verdadero poder en la Iglesia se deriva de la habilidad de hacer poderosos a los demás. No es tan importante mandar como servir. La autoridad adecuada es un regalo para la Iglesia, no para aquel que la profesa. Él falla en reconocer la verdad básica del liderazgo de la Iglesia de hoy: "Inquieta vive la cabeza que lleva una corona."

EL SACERDOTE "ETERNO ADOLESCENTE"

Hay sacerdotes que se han quedado congelados en una adolescencia perpetua. Son aquellos que junto con sus regalos de ordenación compran un Jeep Wrangler, un convertible de color rojo brillante o una motocicleta. Son los que toman muchas vacaciones, y a su regreso vienen con un color de pelo diferente, aretes en el cuerpo o tatuajes. Son aquellos que buscan, y sólo allí pueden funcionar, los ministerios de los jóvenes, no para solucionar las necesidades de éstos, sino para solucionar las suyas. Distraídos, desenfocados y emocionalmente heridos, son incapaces de vencer las dificultades u organizarse aunque sus propias vidas dependan de ello. Inconscientes de cuán inconscientes son ellos para los demás, estos tristes sacerdotes son potencialmente peligrosos tanto para sí mismos como para los demás a quienes han sido llamados a servir.

EL SACERDOTE "CHICO BUENO"

Algunos sacerdotes piensan que ser machos es ser maleducados y ordinarios, tanto en sus hábitos personales como en sus relaciones con los demás. Esto puede ser debido a una reacción consciente a la afectación de otros sacerdotes, o simplemente por haber sido el único varón por demasiado tiempo. Consideran que los comentarios y chistes sexistas son graciosos. Al enfocarse en sí mismos, creen que el vestirse inadecuadamente para ocasiones formales es señal de independencia y virilidad. Creen que presentarse desgreñados o sin afeitar a los eventos públicos es señal de que son prácticos y "están con la gente." Al final, fallan en aceptar la máxima que dice "Todo tiene su momento, y cada cosa su tiempo bajo el cielo," y en darse cuenta de que no somos más independientes, sino más interdependientes. No trabajamos manejando una aspiradora; trabajamos en las relaciones con los demás.

EL SACERDOTE "TOPO"

(Los fariseos) estaban al acecho a ver si le curaba en sábado para poder acusarle. En cuanto salieron los fariseos, se confabularon con los herodianos contra él para ver cómo eliminarle. (Marcos 3: 2,6).

Un poco de conocimientos es peligroso. La fidelidad a la Iglesia es importante, pero dicha fidelidad no se constituye en una licencia para operar como uno de los hombres de la Inquisición. Hay algunos sacerdotes que piensan que se les ha dado la posición de agente secreto para olfatear la herejía y denunciarla; lisonjearse en señalar, categorizar y denunciar a aquellos que no están de acuerdo con ellos; y entonces buscan agruparse con gente de pensamiento similar para aventurarse en asesinar personajes a nombre de la verdad a medias. "… e incluso llegará la hora en que todo el que os mate piense que da culto a Dios." (Juan 16:2).

Al igual a las tumbas blanqueadas de las que habló Jesús, ellos lucen bien externamente, pero interiormente están llenos de pestilencia, mostrando una fachada santa mientras están llenos de hipocresía y maldad. ¡Son lobos disfrazados de ovejas!

EL SACERDOTE "¿ME PERMITE ?"

El respeto por la legítima autoridad es una buena cualidad de los sacerdotes, pero siempre que sea posible se debe evitar tener una dependencia infantil e inhabilidad para tomar decisiones sin la aprobación paterna. Este tipo de sacerdotes constantemente está llamando, escribiendo, y quitándole tiempo al personal de la cancillería con trivialidades, peticiones, y aclaraciones especiales.

EL SACERDOTE "SALVADOR"

Algunos sacerdotes son adictos al trabajo. En un errado intento de "completo en mi carne lo que falta a las tribulaciones de Cristo, a favor de su Cuerpo, que es la Iglesia" (Colosenses 1:24), trabajan sin ayuda hasta el punto de quedar exhaustos y sufrir de mala salud. Aquí San Carlos Borromeo nos da sabios y prácticos consejos: "Puesto que ejerces el cuidado de las almas no descuides por esto el cuidado de ti mismo, y no te entregues a los demás de tal manera que no quede nada para ti. Tienes que tener ciertamente presente el recuerdo de que eres Pastor de las almas, pero no te olvides de ti mismo."

Para que el puente entre Dios y su pueblo valga la pena, el puente debe mantenerse.

EL SACERDOTE DE "LA PRÁCTICA PRIVADA"

Una manera de hacer frente a la complejidad de ser sacerdote en la Iglesia de hoy o porque no quieren tratar con eclesiologías diferentes, o porque tienen que cambiar sus viejos hábitos es que algunos sacerdotes se han retirado emocionalmente del sacerdocio. Nunca asisten a las reuniones, ni sirven en los comités diocesanos, nunca colaboran con otros sacerdotes. Se retiran a lo que un sacerdote llamó "la práctica privada." Ese aislamiento va en contra de lo que debe ser un sacerdote diocesano tanto en el Derecho Canónico como en el Consejo y las enseñanzas de los obispos estadounidenses.

El Derecho Canónico (245, No 2) estipula que los seminaristas deben ser formados de tal manera que estén preparados para una unión fraternal con el presbiterado diocesano. El Consejo dice que ningún sacerdote puede, aislado o sin ayuda, realizar su misión de una manera satisfactoria. Él puede hacerlo solamente uniendo fuerzas con las autoridades eclesiásticas. *El Plan Básico para la Formación Permanente de Sacerdotes* observa que los sacerdotes no son sacerdotes individualmente, sino que sirven a la Iglesia en un presbiterado. Los sacerdotes deben trabajar en equipo, a pesar de que realicen diferentes clases de trabajos y vivan en diferentes lugares.

EL SACERDOTE DE LA ESPERANZA

En el espíritu de Isaías, los sacerdotes que son "parábolas de esperanza" tienen una paz interior imperturbable. La gente se siente atraída hacia ellos como las mariposas a la luz. Isaías fue el eterno optimista en medio de la lucha, la corrupción religiosa y el liderazgo político. Quizá Isaías se sentó en una pila de escombros y dijo "Esto también se reconstruirá." Pudo haber mirado el árido desierto y proclamar: "Que el desierto estalle en flor. Se trocará la tierra abrasada en estanque, y el país árido en manantial de aguas."

En un mundo tumultuoso la gente necesita tener sacerdotes-guías que posean una paz que ninguna tormenta pueda hacer tambalear.

TEMAS DE DISCUSIÓN

1. Nombra algunos sacerdotes que admires y quieras emular. ¿Qué es lo que te inspira de ellos?

2. ?Nombra algunos sacerdotes que funcionen en una eclesiología que parezca diferente a la tuya. ¿Qué hace que te apartes de ellos? ¿Cómo puedes reverenciary respetar su trabajo?

3. ¿Cómo te identificas con los feligreses que tienen eclesiologías diferentes a las tuyas?

4. ¿Qué tópicos de los anteriormente mencionados quisieras evitar más?

5. ¿Ahora que vas a ser sacerdote, qué tipo de sacerdote serás?

6. Descríbete cómo el sacerdote que esperas ser al cumplir tus bodas de plata.

CUANDO LOS IDEALES SE ENFRENTAN CON LA REALIDAD

Cuando las cosas se ponen difíciles, sólo los valientes salen de apuros.
Joseph P. Kennedy

¡Si solamente la ordenación garantizara que automáticamente seremos felices para siempre! ¡Obviamente, no lo garantiza! Has tus planes basado en el hecho de que no lo serás y prepárate para hacerte cargo de tu propia felicidad. En la ordenación te convertirás en un sacerdote, serás un sacerdote para siempre, pero el que seas un sacerdote feliz y eficiente dependerá de ti.

Los seminarios tienden a tratar con ideales y lo hacen bien, pero las situaciones ideales rara vez ocurren en el mundo desordenado de las parroquias de hoy en día. Por lo tanto, ayudan mucho los consejos sobre cómo sobrevivir y tener éxito en el mundo real del ministerio pastoral de la Iglesia de hoy.

Cuando cursaba mi último semestre en el seminario, uno de mis profesores de Práctica Pastoral nos presenta un modelo práctico sobre cómo enfocar nuestro trabajo en el mundo real del ministerio del sacerdocio. Él nos daba una situación pastoral y luego nos preguntaba cuál era la mejor manera de plantear dicha situación. Después de que le dábamos una lista de soluciones ideales, nos pedía que las rompiéramos y nos decía: "Probablemente nunca tendrán la oportunidad de implementarlas, entonces ¿qué pueden hacer *ahora*?"

Esta idea ha sido la más beneficiosa que aprendí durante mi clase de formación pastoral. Durante los 35 años de mi sacerdocio me ha servido muchas veces; la he usado una y otra vez. Me sirvió cuando tuve que tomar la decisión de aceptar mi primera asignación en un lugar al que yo rechazaba con todas las fuerzas de mi alma. Me sirvió cuando fui a una iglesia rural, famosa por su rechazo al cambio. Me sirvió cuando acepté el reto de revitalizar una catedral en el centro de la ciudad con pocos parroquianos y poquísimo dinero. Me sirvió una vez más cuando fui director de vocaciones, durante el escándalo de abuso sexual, cuando las ganancias ya eran escazas y los beneficios eran pocos. El truco, por supuesto, es ver posibilidades donde nadie las ve, al mal tiempo buena cara, y ver las oportunidades a pesar de los contratiempos y falta de recursos.

"El obispo debiera...." "Es función de la Cancillería...." "Los parroquianos deben de...." "Lo deben hacer otros sacerdotes..." Quizás ellos debieran. ¿Pero si **no** lo hacen? La vida no es siempre justa. La gente no siempre hace lo que debe. Los sistemas fallan. Cuando las personas y los sistemas fallan (créeme que fallarán) aprende a hacerte cargo. La impotencia es una característica aprendida, pero la inventiva también.

De por sí es difícil ser sacerdote aunque tengas la asignación perfecta, una rectoría cómoda, un presupuesto grande, personal suficiente, una bella iglesia, un sistema de apoyo confiable y que todos a tu alrededor besen el suelo por donde pasas. Pero, ¿qué harías si tuvieras el peor trabajo del mundo en un sitio pequeño para vivir, falta de privacidad, una parroquia en quiebra y sin personal suficiente, una iglesia fea que necesite reparaciones, tu sistema de apoyo esté ubicado muy lejos y el respeto a los sacerdotes haya sido destruido por el mal comportamiento de una serie de sacerdotes que te antecedieron? Lo que hagas en situaciones como estas te fortalece o te debilita como sacerdote. Las personas fallan. Los sistemas fallan. Las cosas no siempre son como deberían de ser. Acostúmbrate, y aprende a manejar la situación de una manera constructiva. Un problema mayor que la escaza cantidad de sacerdotes es la falta de imaginación de algunos de ellos.

EL ESTADO DE ÁNIMO

Por los años ochenta, los obispos estadounidenses emitieron un documento sobre la moral sacerdotal. El ánimo se definió como "un estado interno de la mente en relación con la confianza y la esperanza." Lo que yo considero que es la parte más importante de este documento es cuando el autor señala que al fin y al cabo el buen ánimo es la responsabilidad individual de cada sacerdote.

Este documento menciona dos veces la virtud heroica de enfrentar la realidad de ser un sacerdote en una Iglesia en transición. Hace años leí en alguna parte que cuando todos los aspectos de la fe están en grave confusión (debido en parte porque las presiones de nuestra era son hostiles hacia la fe y en parte porque los encargados de preservar el status quo están muy atrincherados) es necesario que aquellos que tratan de mantener la conexión vital con el mundo imperfecto de hoy y las pretensiones espirituales del pasado tengan una disciplina heroica.

Es difícil ser un sacerdote en una Iglesia en transición. Cuando, lamentablemente, los métodos antiguos fallan, aún cuando no pueden resolver los problemas de hoy, ellos defienden estas formas con vehemencia. Bajo la presión de la desintegración de las normas, unos pocos proponen nuevas salidas. Al comienzo hay una reacción violenta tradicional que insta al restablecimiento de las viejas normas, pero eventualmente, a causa de la necesidad, las nuevas ideas prevalecen, son adoptadas, y la Iglesia pasa a una nueva era. Todavía no estamos ahí, por eso se necesita la virtud heroica. Puedes medir al hombre por la oposición que presente cuando trates de desalentarlo para que haga algo.

LA IGNORANCIA PUEDE HACERTE DAÑO

Los seminarios están haciendo un buen trabajo, pero no pueden hacerlo todo. Sería ideal si los seminarios pudieran enseñar, en un típico programa, todo lo que el sacerdote necesita, pero *no* lo hacen, porque *no pueden*. La formación permanente necesita atenuar las presiones existentes en los seminarios sobrecargados.

Hay muchos aspectos del sacerdocio que se pueden conocer sólo a través de la experiencia y la reflexión sobre dichas experiencias. Tristemente, este tipo de aprendizaje es, para todos los intentos y propósitos, *electivo* en la mayoría de las diócesis. La formación permanente debe ser adoptada por cada sacerdote en forma individual. Aquellos que tienen la pasión por ser guías pastorales efectivos encontrarán la forma de serlo, sin importar su situación pastoral, ni sus limitaciones.

Cuando recién ordenado me encontré en las misiones domésticas de nuestra diócesis, desde el primer día fue obvio para mí que no estaba preparado para ello. Sabía muy poco sobre la cultura del fundamentalismo protestante (*the bible belt*), sobre evangelizar, sobre cómo recoger fondos, sobre cómo vivir solo o cómo empezar una parroquia. Al igual que la mayoría de los seminaristas fui entrenado para ser un párroco asociado en una parroquia urbana o de los suburbios.

Aun cuando estuve listo para aprender estas cosas, en esos tiempos no había dinero para la educación permanente. Y aún si hubiera habido dinero, descubrí que la Iglesia no ofrecía programas adecuados para atender mis necesidades. Habría podido meditarlo y sacar el mayor provecho de ellos, pero como necesitaba desesperadamente capacitarme para hacer un buen trabajo, decidí hacerlo fuera de la Iglesia. Me inscribí en el Seminario McCormick (presbiteriano) de Chicago como estudiante para obtener un Doctorado en el Ministerio de su Programa de Revitalización de Parroquias. Resolví el problema monetario con una beca. Debido al reducido tamaño de mis dos iglesias misioneras y como fui el primer sacerdote católico en residir en esos condados recibí una beca completa por mi bajo ingreso y religión minoritaria.

Hoy, debido a que el tiempo transcurrido entre la ordenación y el primer trabajo como párroco ha sido acortado drásticamente, la formación permanente, consciente y libremente acogida por cada sacerdote, es una necesidad absoluta. A medida que los programas se han ido mejorando y refinando cada sacerdote debe: (a) desarrollar una sed de capacitación en esas destrezas que lo harán efectivo y (b) tener imaginación para encontrar los recursos para suplir esas necesidades.

CONÓCETE A TI MISMO

¡Conócete a ti mismo! –Sócrates

Si el sacerdote es el puente entre Dios y su pueblo, entonces el sacerdote no solamente debe conocer los dos extremos del puente, sino que también debe conocerse bien a sí mismo. Si el puente no es seguro, los que lo cruzan están en peligro.

El sacerdote que no conoce su propia sexualidad frecuentemente proyecta a los demás sus temores, obsesiones y asuntos sin resolver. Recuerdo a un ministro protestante de la época en que me acababa de ordenar que solía poner el grito en el cielo, en su programa radial diario, sobre la moral sexual de las personas. Veía inmoralidad sexual por todo lado. Su obsesión culminó en un evento muy anunciado, una enorme fogata frente a su iglesia a la que invitó a la gente para que trajera y quemara sus televisores, libros inmorales y ropa indecente. Días después del evento de la fogata, ¡se voló con el organista adolescente de la iglesia! Como dijo Santa Teresa de Ávila: "No le temo tanto al demonio como a aquellos que le temen a éste."

Los sacerdotes que tienen funciones como directores pastorales sin que antes hayan resuelto sus problemas paternos, usualmente tienen también problemas de autoridad. No son capaces de representar adecuadamente su función de autoridad o de respetar a aquellos que están en esas funciones. Incapaces de inspirar a la gente a la grandeza, estos son los sacerdotes que despotrican sobre cómo tienen ser escuchados simplemente "porque soy el párroco."

Las antiguas eclesiologías y trajes eclesiásticos son atajos tentadores para elevar el estatus del sacerdote, que realmente se eleva a los ojos del laicado cuando nosotros los sacerdotes somos realmente *sacerdotes*, cuando obramos realmente in persona Christi. Cuando verdaderamente obramos *in persona Christi*, somos verdaderos embajadores de Cristo. El Papa Juan Pablo nos dice que necesitamos ser "puentes, no barreras" de Dios.

Algunos sacerdotes no saben cómo relacionarse adecuadamente con la autoridad, manteniendo el balance adecuado entre el respeto y el reto a la autoridad. Esto hace asumir que la figura de autoridad está lo suficientemente confortable y segura en su rol para tolerar una franca discusión. Algunas veces el obispo es lo suficientemente sabio en su rol que puede cambiar de manera de pensar cuando los sacerdotes tienen un punto de vista válido. Pero una vez discutido y perdido su punto de vista, nosotros los sacerdotes diocesanos debemos recordar nuestra promesa de obediencia por el bien de la Iglesia.

Los sacerdotes que crecieron privados de amor y afecto con frecuencia no pueden guiar debido a su insaciable sed de ser queridos, aprobados y apreciados. Su propia necesidad es un obstáculo para que puedan darse libremente a los demás, manteniendo los límites y resolviendo las cosas difíciles cuando se deban hacer. Sin la constante aprobación de los demás, estos sacerdotes están expuestos a la depresión y a esperanzas irreales.

Por experiencia he concluido que entre más destruidas estén las personas interiormente, mas apoyo exterior necesitan. Al ser rígidos, inflexibles y hacer juicios a la ligera, los sacerdotes se presentan siempre como de una ortodoxia inquebrantable, cuando no queda nada más que manifestaciones de miedo patológico e inhabilidad de hacer frente a la complejidad.

El celibato puede ser un estilo de vida heroico para las personas sanas y bien ajustadas, pero también puede ser un escondite para misóginos y gente con prejuicios contra las mujeres. Si un sacerdote no conoce sus propios sentimientos hacia las mujeres y es incapaz de establecer relaciones apropiadas y sanas con ellas, puede ser una amenaza en el ministerio pastoral. Parte del enojo de los laicos puede ser debido a la insensibilidad de los sacerdotes hacia los feligreses, especialmente hacia las mujeres. Con las mujeres haciendo "el que parte y recomparte… se lleva la mejor parte" del ministerio laico de la Iglesia, es crucial que los sacerdotes, especialmente hoy en día, tengan aprecio y un sano respeto por los dones y talentos femeninos, y la habilidad de trabajar con ellas como colaboradoras en este ministerio.

LIDERAZGO

La gente ante todo quiere que sus sacerdotes sean directores espirituales. Aunque somos designados para serlo, el talento de los directores espirituales no es infundido automáticamente en la ordenación. Debemos dedicarnos a ser verdaderos directores espirituales, no sólo de nombre sino de hecho.

Los directores *designados* no son necesariamente *verdaderos guías*. La ordenación te convierte en un director espiritual *designado*, pero el que te conviertas en un *verdadero* director espiritual es cuestión de intención, talento y práctica. La voluntad de Dios no sustituye el ser competente. Un sacerdote debe ser *agathos*, moralmente bueno, pero también *kalos*, bueno en lo que hace. El Papa Celestino V, el único papa que ha renunciado a su trono, probó que la santidad no es, por sí sola, una cualidad del liderazgo. Él fue un hombre muy santo, sin embargo fue un Papa débil.

Un verdadero guía desarrolla la habilidad de desatar el poder del grupo. El liderazgo se trata de visión y comunicación mediante la palabra y los hechos. Mantener la visión y ser capaz de comunicarla, y tener valentía, entusiasmo, afirmación personal, competencia en Teología y práctica, son todos ingredientes esenciales en la preparación de guías pastorales efectivos. "Y si la trompeta no da sino un sonido confuso, ¿quién se preparará para la batalla?" (1 Corintios 14:8).

SÉ TU PROPIO HÉROE

La última vez que lo vi, iba bajando por la Calle Lover, asido de su propia mano. –Fred Allen.

La gente amniótica siempre está mirando a los demás para recargárseles y hacerlos responsables de su éxito y felicidad. Con confianza en sí mismas, las personas dueñas de sí mismas saben que sin importar lo que se presente, siempre encontrarán una solución.

Los mentores efectivos son únicos, los buenos directores espirituales son escasos, y los buenos amigos son difíciles de encontrar. Si encuentras los tres y los tienes a tu servicio, ¡eres realmente un sacerdote único! ¿Qué haces cuando no puedes encontrar ese mentor efectivo que necesitas? ¿Qué haces cuando no puedes encontrar el director espiritual perfecto que necesitas? ¿Qué haces cuando tu mejor amigo vive en otro estado, otra diócesis u otra ciudad?

Puedes ser tu propio mentor. Puedes ser tu propio director espiritual, si es necesario. Puedes ser tu propio mejor amigo.

TEMAS DE DISCUSIÓN

1. ¿Cuán útil crees tú que es idealizar el sacerdocio, y cuán contra producente?

2. ¿Qué experiencias o destrezas personales tienes para soportar las decepciones?

3. ¿Cuándo has tenido que ser creativo en una situación nada ideal? ¿Cómo te sentiste? ¿A quién le pediste ayuda, asistencia o apoyo?

4. ¿Qué tan responsable serás de tu felicidad como sacerdote?

5. ¿Qué apoyo deberás esperar como sacerdote? ¿De quién? ¿Qué harás si no lo recibes?

6. Menciona una situación en la que tú mismo tuviste que resolver un problema grave. ¿Cómo lo hiciste?

7. ¿Qué partes de ti mismo son todavía un misterio para ti? ¿Sabes cuál es la raíz de nuestros mayores miedos, prejuicios y pasiones? ¿Qué influencia ejercen todavía sobre ti?

8. ¿Cuál es la diferencia entre ser bueno y ser bueno en algo? ¿Cuáles son los inconvenientes de tener uno sin el otro?

DE PERSONA PRIVADA A PÚBLICA

Y no vivo yo, sino que es Cristo quien vive en mí.
Gálatas 2:20

Uno de los cambios más drásticos que ocurre cuando un joven hace la transición de seminarista a sacerdote es pasar de ser el recipiente de formación a ser el encargado de formar a una comunidad creyente: en vez de enfocarse en su bienestar personal pasa a enfocarse en el bienestar general.

La formación inicial de un seminario es, debido a su naturaleza, auto-centrada. Los años de seminario son un período en el que los individuos forman su propio punto de vista mediante prueba y error al proponer, argumentar y defender. Cuando uno se convierte en sacerdote, y especialmente cuando uno se convierte en párroco, las cosas cambian. El sacerdote-párroco como individuo ya no se dará más el lujo de tener simplemente su propio punto de vista y descartar el de los demás. Como líder de líderes, debe empezar a apreciar su propio punto de vista entre muchos otros puntos de vista válidos, porque el sacerdote-párroco es el guardián del bienestar general no solamente del suyo propio. "En la Iglesia debe existir una adecuada armonía entre las dimensiones personal y comunitaria; y en su edificación, el pastor procede moviéndose desde la primera hacia la segunda. Nunca se pone al servicio de una ideología o de una facción humana."[5]

Como seminarista podría disfrutar del deporte tradicional del seminario de ridiculizar y degradar todos los puntos de vista a excepción del suyo, pero una vez convertido en personaje público, una vez convertido en director de una comunidad de fe, una vez convertido en sacerdote, esto puede ser desastroso para su efectividad como director espiritual. Una vez convertido en sacerdote, si él desea ser un director espiritual digno de confianza, debe aprender a respetar los diferentes puntos de vista permitidos por la Iglesia, aun aquellos que personalmente le fastidien.

Como persona pública, las palabras y obras de un sacerdote tienen ramificaciones mucho más allá de las que tenía cuando era seminarista. "Los fieles de la parroquia, o quienes participan en las diversas actividades pastorales, ven observan, oyen, sienten y escuchan no sólo cuando se predica la Palabra de Dios, sino también cuando se celebran los distintos actos litúrgicos; cuando son recibidos en la oficina parroquial; cuando el sacerdote come o descansa, y se edifican por su ejemplo de sobriedad y de templanza; cuando lo van a buscar a su casa, y se alegran por la sencillez y la pobreza sacerdotal en la que vive; cuando hablan con él, también sobre cosas sin importancia, y se sienten confortados al comprobar su visión sobrenatural, su delicadeza y la finura humana con la que trata también a las personas más humildes, con auténtica nobleza sacerdotal."[6]

Los fieles de la parroquia también se ven afectados por la rigidez, terquedad, inhabilidad para escuchar, falta de cortesía, crudeza, prejuicio, deshonestidad, amiguismo y mal genio del sacerdote. Siendo aquel que dice obrar *in persona Christi*, estos rasgos personales tienen un efecto más perjudicial que si él no lo fuera.

Frecuentemente en nuestra cultura escuchamos que las personas tratan de separar su vida privada de la pública. San Pablo siempre estuvo en contra de esta manera de pensar entre los primeros fieles, insistiendo en la integración total de su fe con respecto a quienes eran ellos y lo que hacían.

Los laicos tienen la cualidad divina de localizar un farsante a una milla de distancia. Instintivamente reconocen a un lobo disfrazado de oveja tan pronto lo ven. Esperan que seamos lo que decimos. El sacerdote, sobretodo, debe integrar quién es con lo que dice y lo que hace. Un sacerdote no es tan solo un anónimo, es también un símbolo público religioso, un sacramental vivo y, gústele o no, un modelo a seguir.

El pueblo espera más de los sacerdotes. Algunas veces, quizás esperan demasiado. El siguiente texto escrito por San Juan Crisóstomo hace 1500 años se ajusta a nuestro dilema:

> *No, no es posible que los defectos de los sacerdotes permanezcan ocultos, sino que aun los más pequeños se*

harán rápidamente manifiestos. *El sacerdote debe vigilar su vida intensamente para que las intrigas no lo alcancen Pero si descuida algunos pequeños detalles, como es natural en los seres humanos, en su viaje por el tortuoso océano de la vida, ninguna de sus otras buenas acciones será útil para ayudarlo a escapar de las palabras de sus acusadores. Ese pequeño error echará una sombra sobre el resto de su vida. Todos quieren juzgar al sacerdote como si no estuviera revestido de carne y perteneciera a la naturaleza humana, como si se tratara de un ángel apartado de todas las debilidades.*[7]

TEMAS DE DISCUSIÓN

1. ¿Cuáles de tus puntos de vista como seminarista han discrepado con mayor frecuencia de los punto de vista de los demás?

2. ¿Cómo te llevas con otros seminaristas con puntos de vista diferentes al tuyo? ¿Has tratado de entender sus puntos de vista, buscar un punto en común, evitar el contacto personal, o degradarlos y ridiculizarlos en público o a sus espaldas?

3. ¿Qué cambios, si los hubiere, tendrás que hacer cuando te conviertas en una persona pública, especialmente en párroco?

4. ¿Has tenido ya alguna experiencia en la cual el efecto de lo que has dicho o hecho tuvo un impacto mayor del que esperabas, simplemente porque eres seminarista?

5. ¿Con qué grupos y perspectivas de la Iglesia has pasado más momentos difíciles tratando de aceptarlos? ¿A excepción de evitarlos, tienes alguna estrategia para manejarlos?

6. ¿Qué se siente el ser considerado en un nivel superior?

SALIDA DEL SEMINARIO: ASPECTOS SOBRE LA PARTIDA

Y terminar es comenzar. El final es desde donde empezamos.
Tomado de "Little Gidding" de T.S. Eliot

PREPARANDO LA SALIDA

Cada transición empieza con un final. Hay mucha emoción y anticipación durante las semanas y meses anteriores a la ordenación de un sacerdote, un sentimiento de finalmente lo logré. Esta emoción puede cegar a algunos seminaristas a la frecuente, pero no inconsciente, aflicción que acompaña el dejar un mundo conocido por otro nuevo. En este capítulo se dará atención al proceso, frecuentemente pasado por alto, de dejar el seminario.

1. Cuando llegue el momento de dejar el seminario, puedes manejar la transición conscientemente o dejar que simplemente teocurra.

Como manejes los finales y como dejes los lugares y las personas habla mucho de ti, cualquiera que sean las circunstancias. El manejar adecuadamente tu propia transición al ministerio empieza con un esfuerzo consciente y deliberado por hacer una buena partida. La primera impresión que des al llegar a tu nueva parroquia es importante, al igual que la última impresión que dejes al salir del seminario. Si no sabes cómo salir bien del seminario, probablemente tampoco sabrás cómo salir bien de una parroquia. Ambas partidas deben ser hechas con reverencia y cuidado.

Mucha gente participó en tu estadía en el seminario: directores de vocación, la facultad y el personal del seminario, cocineros, conserjes, benefactores y supervisores pastorales, por nombrar unos cuantos. Algunas de estas personas desempeñaron un papel muy importante, otras algunos menos importantes. Notaste a algunas personas, a otras no. Te gustaron algunas personas, otras no. Algunas te ayudaron al estar de acuerdo contigo y otras al convertirse en un reto. Verás a algunas otra vez, a otras nunca más. Antes de que te absorba la dinámica de tu propia transición fuera del seminario, debes dedicar un momento y una manera de expresar tu gratitud a aquellos que te han traído hasta este punto. Los sacerdotes tienen fama de que no agradecen los regalos, lo cual es una manera infalible de matar a la gallina de los huevos de oro.

Haz las paces y perdona a tus enemigos. No albergues rencores ni lleves basura mental contigo cuando salgas del seminario. Deja pasar la idea irracional de que todo el mundo debió haberse comportado perfectamente, que le caíste bien a todo el mundo, que todo el mundo debió aprobarte y que todas tus necesidades debieron haber sido resueltas. Hazlo por tu propia paz mental. Si no hay otras razones, hazlo porque alguno de ellos puede convertirse algún día en tu obispo o jefe.

Ninguna institución es ideal. Ningún seminario hace las cosas correctamente. No existen los seminarios perfectos. Los seminarios son simplemente instituciones hechas por seres humanos con defectos, que tratan de hacer lo mejor para ayudarte en tu camino hacia el sacerdocio. Menospreciarlos por sus defectos habla más de ti que de ellos. Perdónalos, perdónate a ti mismo, y sigue tu camino.

La mayoría de los seminarios luchan por permanecer abiertos y son subsidiados generosamente por quienes los manejan. No te cobran el precio real. Ojalá que promuevas tu seminario, pero si no puedes, la mejor política podría ser "si no puedes decir algo agradable, no digas nada."

Toma lo tuyo y deja lo ajeno. Deja esa casa prestada en tan buenas o mejores condiciones como la encontraste.

Tómate un tiempo para celebrar el haber llegado a la meta de tu ordenación. Si es posible, planea y disfruta de unas largas vacaciones. Descansa tu cuerpo, mente y espíritu. Prepárate para la siguiente fase de tu transición, fase que va a requerir de mucha energía y concentración.

2. La segunda fase de cualquier transición es el momento en que se siente soledad y desorientación.

A mayor paz interior, mayores situaciones externas de caos podrás manejar. Aquellos que están destrozados por dentro poseen pocas habilidades para manejar las crisis externas. Tu habilidad para tolerar la ambigüedad y la incertidumbre permanecerá como una cualidad decisiva durante esta fase de esta importante transición del viejo y conocido rol de seminarista al nuevo y desconocido de sacerdote diocesano.

Como lo mencioné anteriormente en este libro, los cambios que enfrentarás en esta transición del seminario hacia el sacerdocio son engañosamente complejos. Vas a pasar por un gran cambio que algunas veces incluirá la pérdida de relaciones significativas para ti. Pasarás por un gran cambio en la vida: de vivir en grupo en una institución grande a vivir en la rectoría de una parroquia con uno, quizá dos, sacerdotes muy ocupados, que tú no has escogido. Rápidamente podrás convertirte en uno del 25 al 30 por ciento de los 44 mil sacerdotes estadounidenses que viven solos. Dejarás la vida sumamente estructurada y organizada del seminario por una vida en la que tendrás que reaccionar a las acometidas diarias de crisis imprevistas, mientras tratas de hacer tu trabajo cotidiano. Probablemente tus patrones de sueño y alimentación serán interrumpidos con regularidad.

Estos sentimientos de pérdida y desorientación son parte del proceso de toda transición. El momento de partir con emoción siempre va seguido de un momento de incomodidad, incluso de desilusión. Esto también pasará. Si perseveras durante este tiempo, llegará un día en que lo nuevo será viejo, lo desconocido conocido, y la incomodidad comodidad.

3. La tercera etapa de cualquier transición es empezar de nuevo.

Justo después de que hayas hecho exitosamente tu transición y finalmente estés cómodo, es el momento de pasar a otra asignación, empezar otra vez, hacer otra transición y pasar por todo el proceso una vez más, y luego otra vez más a través de tu sacerdocio. Las transiciones frecuentes son parte del sacerdocio diocesano. Son parte del trato.

PREPARAR EL COMIENZO

La manera como manejes un final y un comienzo habla mucho de ti. Dos aspectos importantes del último semestre del seminario son planear tu ordenación y tu Misa de Acción de Gracias. La manera como enfoques estos dos eventos dirá a toda la Iglesia muchas cosas de ti.

Un sacerdote diocesano es llamado de su estado de laico para vivir entre los laicos, servirlos y fortalecerlos. Tu ordenación no es **tu** ordenación. La ordenación de un sacerdote diocesano pertenece a la Iglesia diocesana. Tú no te llamas a ti mismo para tu ordenación. La Iglesia te llama para tu ordenación. Cuando fui Director de Vocaciones de nuestra diócesis, traté de aclarar lo más posible que mientras que los candidatos a la ordenación podían ser encuestados para que aportaran ideas, la ordenación pertenecía a la Iglesia diocesana local. Como tal, la ordenación debe reflejar teológicamente de una manera real lo que el rito indica, no los gustos y caprichos de los ordenados.

Se acostumbra que un sacerdote recién ordenado celebre una Misa de Acción de Gracias en su parroquia, en la parroquia de su tierra natal y en las parroquias de las que fue huésped durante las asignaciones de su formación pastoral. La manera como un sacerdote recién ordenado planee **su** Misa tradicional de Acción de Gracias dice muchísimo de él, de su teología y de su manera de ver a la gente.

El llegar a una parroquia como nuevo sacerdote, trayendo a la mayoría de amigos seminaristas, cambiando las costumbres locales, introduciendo prácticas ajenas a la comunidad local, dando homilías prejuiciosas de todo lo que ves, y echando a la calle a los ministros regulares de la parroquia en tu Misa de Acción de Gracias tiene que ser uno de los hechos más desagradables, auto derrotistas y arrogantes posibles. El mensaje a la congregación local será: esta es **mi** misa y la haré a **mi** manera, porque yo hago las cosas de una manera mejor que la que **ustedes** han hecho hasta ahora. Esto es clericalismo del peor. Los feligreses pueden aguantarse esto por un día, pero créanme, ellos se fijan en esto, y muchos te considerarán como otro cleriguillo arrogante que ha venido a que lo sirvan en lugar de servir.

Desafortunadamente, muchas Misas de Acción de Gracias siguen, en el peor de los aspectos, el modelo de la boda moderna americana "reina por un día." He visto tartas de tres pisos con un altar y un sacerdote en la punta. Así como estas bodas centradas en la novia oscurecen los aspectos religiosos del Sacramento del Matrimonio, una Misa de Acción de Gracias centrada en el sacerdote oscurece la teología del ministro ordenado.

Cuando planees tu Misa de Acción de Gracias, sé inteligente y recuerda que tú eres el **invitado** que va a presidir en una comunidad de fe establecida. Que Jesús y la comunidad con la que rezas sean el centro de atención, no tú. Incluye a toda la congregación. De ser posible llama a los ministros locales. Celebra *con* ellos no simplemente *frente* a ellos. Puede que tu Misa de Acción de Gracias sea en la que obres *in persona Christi* públicamente por primera vez. Esta celebración es una ocasión para enseñar. Decide usarla bien. Al igual que tuviste un reto en tu ordenación como diácono, "Enseña lo que crees y practica lo que enseñas."

RECONOCE QUIÉNES SON TUS AMIGOS

Cuando fui director de vocaciones, reconocí a los "directores de vocaciones fantasmas," cierto subgrupo de sacerdotes que se hacía amigo de los futuros sacerdotes y los guiaban, o a los sacerdotes recién ordenados al margen de los programas oficiales de formación de las diócesis y seminarios. Los recién ordenados son especialmente vulnerables a las preocupaciones sospechosas, e intereses de las ideologías y patrones eclesiásticos. Rechaza dejarte seducir por la polémica de la polarización. Ten cuidado con aquellos que dividen en vez de unir, excluyen en vez de incluir. Mantente en diálogo con la Iglesia Mayor.

TEMAS DE DISCUSIÓN

1. Recuerda tu transición al seminario. ¿Recuerdas la emoción de ser aceptado y la sensación de sentirte perdido una vez empezado el entrenamiento? ¿Cómo te sentiste? ¿Cuándo desaparecieron esos sentimientos y empezaste a sentir la sensación de pertenecer al seminario?

2. ¿Qué cabos sueltos tienes que atar y qué asperezas tienes que limar antes de dejar el seminario?

3. ¿Qué podrías hacer para demostrar tu aprecio a tu director de vocaciones, director espiritual, profesores, personal del seminario, etc.?

4. ¿Qué decepciones piensas que experimentarás después de la ordenación? ¿Qué puedes hacer ahora para prepararte para manejarlas adecuadamente cuando ocurran?

5. ¿Cómo reflejarán tus Misas de Acción de Gracias tu teología del sacerdocio? ¿Cómo involucrarás a los feligreses en estas celebraciones? ¿Cómo pueden servir estas ocasiones como ejemplo?

6. ¿Cuál es la diferencia entre ser bienvenido al presbiterado y ser reclutado en un subgrupo ideológico?

LLEGADA A UNA PARROQUIA

*Quita las sandalias de tus pies, porque el lugar en
el que estás es tierra sagrada.*
Éxodo 3:5

No todos los sacerdotes saben cómo empezar en una parroquia. "Los necios corren allí *donde los ángeles* no se atreven ni a pisar." En su celo y entusiasmo por aplicar todo lo que han aprendido, algunos sacerdotes recién ordenados entran a las parroquias como un toro en una tienda de loza. Todavía recuerdo cómo me sentí de avergonzado cuando se refirieron a mí como "el petulante" en un artículo de nuestro periódico diocesano antes de mi ordenación. Petulante significa "falto de dominio y discernimiento al punto de la arrogancia." Este es un rasgo eterno y muy común a todos los recién ordenados.

En su impetuosa misión de arreglar lo que no está bien, algunos sacerdotes recién ordenados "usan el hacha para quitar las moscas de la frente de la gente." Al igual que los segadores bien intencionados de la parábola de la cizaña creen que pueden separar la cizaña del trigo y están más que dispuestos a "ponerse a trabajar sólo para descubrir, demasiado tarde, que han sido mal encaminados." Algunas veces su engreída audacia es simplemente ingenua, pero otras veces causa daños irreparables a las personas y pierden años de buena voluntad que podrían haberlos hecho efectivos más pronto. Muchos recién ordenados entran en shock, sorprendidos y desilusionados, al darse cuenta que su cuello clerical por sí solo no es suficiente para continuar con sus labores diarias cuando los feligreses discrepan y tienen ideas propias.

La regla número uno a tener cuenta al empezar en una parroquia es esta: Es *su* parroquia, no la *tuya*. Es tierra sagrada. Por lo tanto, debes descalzarte. ¡Detente! ¡Observa! ¡Escucha! Antes de que empieces a juzgar, estereotipar y tratar de arreglar a los feligreses, deja que ellos te cuenten quiénes son, de dónde vienen, cómo se sienten respecto de sí mismos y qué pasa con sus vidas. Hazlo sin emitir juicios. Solamente escúchalos. Acéptalos. Si obras de esta manera, ellos empezarán a confiar en ti y más tarde, solamente más tarde, empezarán a escucharte.[8]

Las personas escuchan de verdad sólo cuando pueden identificarse de alguna forma con la persona que está hablando. De lo contrario no hay verdadera comunicación. Esta identificación es absolutamente esencial para que nazca la confianza y la credibilidad. Si las personas no pueden identificarse contigo, no creerán ni confiarán en ti, sin importar cuánto creas tú que tengas que dar.

¿Quiénes son estas personas? El párroco está ante la presencia de personas de todos los niveles concebibles de fe. Celebrarás con gente que ha entregado su vida al servicio de su cónyuge, hijos, vecinos y compañeros feligreses. Verás personas que han experimentado el amor por años, y personas llenas de asombro y emoción por el amor fresco y joven. Conocerás gente rica y gente pobre, los acomodados y los rechazados. Serás observado por los apreciados y los rechazados. Tendrás frente a ti a personas que han sido abrigadas por la Iglesia, y personas que han sido heridas por la Iglesia. Pero, principalmente, tendrás gente que ha sido probada con la incertidumbre de la vida, enfermedades, sufrimiento, muerte, separación, pérdida, rechazo, soledad y enajenación. Y si realmente eres *sabio*, no sólo *inteligente*, sabrás que no puedes ver dentro de sus corazones y no juzgarás por las apariencias, sacando conclusiones a la ligera sobre aquellos a quienes conoces muy, pero muy poco.

APRECIA LO QUE TIENES

Rara vez los sacerdotes obtienen exactamente lo que quieren en sus asignaciones. Por lo tanto, es importante que sepas apreciar lo que tienes. Aunque como sacerdote te pueden asignar una parroquia en particular, ojalá en este proceso pudieras escoger como tuya, de una manera consciente, a esa comunidad parroquial. En todas las parroquias, pero especialmente en las parroquias rurales y con dificultades, el sacerdote necesita decirles a sus feligreses, con regularidad, que está feliz por la suerte y honra que tiene de ser su sacerdote.

Una de la práctica más efectiva donde quiera que he sido asignado es saludar a los feligreses, llueva o truene, después de Misa todos los domingos en la puerta de la iglesia. De todas, esta ha sido la práctica pastoral individual más efectiva.

?Otra práctica es volver una costumbre personal reafirmar regularmente a los feligreses en mis homilías. El sacerdote no puede hacerlo hasta que no lo sienta. Si no lo sientes, entonces debes cambiar tu corazón. Las personas saben por instinto si son apreciadas o no. Si saben que su sacerdote las ama, lo escucharán y lo seguirán. De lo contrario sus palabras caerán en oídos sordos.

ESCUCHA A CADA INDIVIDUO

Una de las primeras cosas que omiten los párrocos y los párrocos asociados, sumamente ocupados y extralimitados, es el toque personal, esa atención individual que la gente necesita y a la cual responde tan positivamente. En una parroquia muy pequeña es relativamente fácil saber qué está pasando entre los feligreses, mientras que en una enorme es casi imposible.

Una de las ideas más efectivas que se me ocurrió para mantener un toque personal en una parroquia grande fue reclutar un voluntario para que me ayudara a poner atención a los feligreses en forma individual. El trabajo de este voluntario era repasar rápidamente el periódico, las actas del comité, el boletín de la escuela y otras fuentes de información de nuestros feligreses. Su tarea era escribir borradores de cartas y tarjetas de agradecimiento, duelo o felicitación, para que yo las firmara. Siendo él mis ojos y oídos me ayudó a poner atención a aquellos para quienes fui enviado a servir. Es tan efectivo que parece "mágico."

Como lo mencioné anteriormente en este libro, los sacerdotes tienen fama de que no devuelven las llamadas, no hacen seguimiento a las solicitudes o no agradecen los regalos. De ser necesario, puedes reclutar a alguien para que se encargue de estas tareas; no hay excusa para dejar de hacerlas.

DI LA VERDAD CON AMOR

Lo que necesitan las parroquias desesperadamente hoy en día son sacerdotes que sean constructores de puentes, pacificadores, reconciliadores y mediadores de la unidad. Los sacerdotes necesitan ser capaces de tratar constructivamente con la diversidad, el pluralismo, la complejidad, la ambigüedad, la división y la polarización. Aquellos que ejercen el liderazgo en la Iglesia son llamados a ser los ministros de la comunión que sana. La Iglesia necesita, especialmente hoy, sacerdotes cuyas palabras sanen en vez de herir, y que se expresen con sensibilidad por la dignidad y el valor de todas las personas. La civilización, como lo dijo un sacerdote, no es tan solo una virtud civil. La Iglesia de hoy necesita mucha civilización y en dónde, con más desespero, que entre sus sacerdotes.

Aunque la política de animar y afirmar debe ser prioritaria entre los párrocos, hay situaciones en las que el párroco es el que reta, especialmente cuando el bien común se ve amenazado por algunos. Aunque dichos retos no son fáciles o populares, es la razón verdaderamente caritativa a seguir. El secreto es hablar sin ira, falsos juicios o recriminaciones. Un buen pastor "dice la verdad con amor."

Los obispos estadounidenses en *Como el que Sirve* (*As One Who Serves*) nos dicen que "El estilo de liderazgo de los sacerdotes debe ser de servicio. Él debe ser un siervo de los hijos de Dios, haciendo a este responsable de lo que ha sido o puede llegar a ser. Él les sirve inspirando los ministerios y el liderazgo de coordinación." El hacerlos responsables debe ser hecho con amor y paciencia, nunca con ira o maldad.

DEJA QUE LOS FELIGRESES TE ENSEÑEN

Algunas veces los sacerdotes dan la noción de que ellos son los únicos que tienen algo que dar o enseñar. Siendo el sacerdote el principal coordinador de carismas en la parroquia, debe reconocer y afirmar los dones diversos y variados dentro de la comunidad. El sacerdote necesita estar dispuesto a ser estudiante al igual que maestro. Las personas se adueñan de la misión de la parroquia cuando su talento, dones y experiencia son solicitados y usados.

Para ello el sacerdote debe entender que su función es habilitar a los demás para servir en vez de ser servido. El Papa Juan Pablo II lo expresó así: "El sacerdocio no es una institución que existe junto o por encima de los laicos. El sacerdocio de obispos y sacerdotes, al igual que el ministerio de los diáconos, es para los laicos, y justamente por esa razón posee un carácter ministerial, es decir uno "de servicio."

En mi experiencia, si un sacerdote entra a una parroquia exudando amor, honor y respeto por las personas a quienes sirve, ellas en retorno lo amarán, honrarán y respetarán. "Con la vara que midas serás medido." (Lucas 6:38). Si tú amas, honras y respetas a sus feligreses, ellos te profesarán el mismo amor, honor y respeto: "Una medida buena, apretada, remecida, rebosante pondrán en el halda de vuestros vestidos."(Lucas 6:38).

Los católicos todavía quieren amar y respetar a sus sacerdotes. Es un don individual del sacerdote que se puede perder.

TEMAS DE DISCUSIÓN

1. La mayoría de las diócesis trata de enviar a los sacerdotes recién ordenados a asignaciones pastorales que prometen ser la ideal. ¿Qué harías en una asignación que sientes que no está bien para ti?

2. ¿Qué le dirías a tu nueva comunidad parroquial en tu primer domingo?

3. ¿De qué manera puedes conocer mejor a tus feligreses?

4. ¿En qué casos es adecuado que el párroco haga las correcciones fraternales y en qué casos debes hacerlas tú, como párroco asociado?

5. ¿Qué cosas son adecuadas pedir a tus feligreses que hagan por ti? ¿Cuáles no?

FALTA DE IMAGINACIÓN, LA GUERRA POR LAS FORMAS, LENGUAJE QUE DESANIMA

Cuando no hay visiones, el pueblo se relaja
Proverbios 29:18

Tres de las fuerzas negativas más poderosas que todo sacerdote va a enfrentar como guía de nuestra Iglesia son las que yo llamo: Falta de imaginación, guerra por las formas y lenguaje que desanima.

FALTA DE IMAGINACIÓN

La primera fuerza que nos detiene como Iglesia es nuestra falta de imaginación. Estoy convencido de que imaginación es lo que más falta le hace a la Iglesia Católica Romana de hoy. Sí; estamos de parto, dando a luz a una Iglesia renovada, pero algunos nos hacen creer que estos dolores de parto son en realidad estertores de la muerte. Lo que necesitamos ciertamente no es otra ronda de apretones nerviosos de mano, ni de encontrar culpables, sino personas que tengan la voluntad de hacer nuevas conexiones con imaginación. Jesús dio en el blanco cuando dijo que ¡lo mundano es más atrevido que nosotros en tratar con su propia clase! Contamos con más recursos, más personal y más tecnología que con la que contaban nuestros ancestros en la fe, más de la que ellos hubieran soñado nunca. Sin embargo, no nos hemos imaginado una manera efectiva de dirigirlos al servicio del Evangelio.

Cada diócesis en este país ha visto levantar iglesias cristianas enormes e independientes. Una gran cantidad de ellas se extiende rápidamente porque vienen de la enorme afluencia de los antiguos Católicos Romanos. Cuando me preguntan por este fenómeno, mi respuesta es siempre la misma: No se trata de su fortaleza, se trata de nuestra debilidad. En comparación con el dinero, los recursos y la tecnología que nuestros padres y madres en la fe tenían cuando construyeron nuestras grandes instituciones, estamos hundidos hasta el cuello en oportunidades, pero no podemos organizarnos para salvar nuestras vidas. La verdad cruda del asunto es que estamos perdiendo feligreses, especialmente hispanos, y es culpa nuestra.

Lo que todas mis asignaciones tenían en común era que me prevenían en cada una de ellas de que la situación era desesperada y nada se podía hacer.

Si yo hubiera sido el Obispo Flaget bajando de Ohio, llegando a Louisville en 1811 "sin un centavo en mi cartera," enfrentado con una diócesis fronteriza dos o tres veces más grande que Francia, sabiendo muy poco inglés y con nueve sacerdotes para nueve estados y medio, hubiera examinado la situación y me hubiera devuelto a Francia, diciendo que no había esperanza, porque no podía hacerse nada.

Por la gracia de Dios me rehusé a escuchar a los pesimistas, hice lo mejor para ser imaginativo y viví para ver algunas cosas increíbles que sucedieron en cada una de mis asignaciones, especialmente en nuestra Catedral, donde fuimos testigos de que la congregación aumentó de 100 a más de 1.600 hogares; el presupuesto de 90 mil a 900 mil dólares, un raído y viejo complejo a un proyecto de veinte millones de dólares en restauración y expansión, expansión que continúa hasta hoy.

Hace muchos años me abrieron los ojos sobre nuestra falta de imaginación. Estaba viendo televisión una noche. Era un programa sobre personas que se habían lesionado de diferentes maneras. Algunas sufrían de enfermedades, otras fueron víctimas de accidentes. Había un joven en una silla de ruedas a quien le habían amputado una de las piernas. Era apuesto, de complexión atlética. Habló sobre cómo el accidente le cambió la vida. Estaba muy enojado sobre esta injusta situación. Estaba profundamente deprimido porque ya no era lo que había sido antes.

Era demasiado fuerte lo que escuchaba, así que cambié de canal. En la pantalla, en una toma de cerca, estaba otro joven de complexión atlética y amplia sonrisa. Este joven bajaba de la montaña esquiando, había nieve por todo lado. No fue hasta que llegó a la cima de la colina que noté que le faltaba una pierna. ¡Era un esquiador de las Olimpiadas para los Minusválidos!

De repente tuve una de esas ideas que nos iluminan como un relámpago. Algo hizo clic en mi cabeza ese día y de repente me di cuenta que yo había sido ambos jóvenes en una u otra época de mi vida. Me hizo dar cuenta otra vez que la vida siempre nos pregunta cuál de los dos queremos ser. ¿Cuál es la diferencia entre estos dos jóvenes? Es la actitud diferente ante el mismo problema. ¡Uno se rindió y el otro se levantó! Como lo dijo Henry Ford: "Tanto si piensas que puedes, como si piensas que no puedes, estás en lo cierto."

Con frecuencia, lo que nos ocurre no es tan importante como nuestra respuesta a lo que nos ha ocurrido. Igual pasa con la Iglesia. Muchas de nuestras instituciones antiguas que alguna vez fueron vigorosas se han rendido. Las instituciones, por supuesto, no se rinden, pero las personas sí, ¡una a una! Las personas que pertenecen a estas instituciones caen en el hábito de sentarse en sus mecedoras recordando los buenos viejos tiempos y sintiendo rabia porque las cosas van de mal en peor. Su tono es "pobrecito yo." A cualquiera que los escuchen les dan sus discursos de "no tengo esto, ni tengo lo otro." Hablan estilo asilo de ancianos sobre su glorioso pasado y su desolado futuro. Al dejar de soñar, toda su esperanza es sobrevivir.

Hay, sin embargo, pocas instituciones religiosas que han decidido levantarse, no en búsqueda de los buenos viejos tiempos, sino más bien para crear algunos nuevos buenos viejos tiempos. Salen a crear la segunda o tercera edad de oro. Tratan con lo que hay, no con lo que solía o debería ser. Tratan con la realidad de la situación y ponen sus mentes a crear. Se pasan de la silla de atrás al volante. ¡Dejan de ser víctimas y aprenden otra vez a esquiar a pesar de que no tengan una pierna o ninguna!

La primera vez que experimenté la necesidad de usar la imaginación como sacerdote recién ordenado sucedió cuando fui enviado a las misiones domésticas. Fui enviado a esa situación sin siquiera un día de entrenamiento en evangelización, o cómo empezar una parroquia, o cómo entender la cultura del fundamentalismo religioso (the Bible Belt). Cuando busqué ayuda me di cuenta de que no había nada disponible en la Iglesia Católica, tampoco había dinero en ese momento para poder usarlo, ¡si lo hubiese habido! Hablé con nuestros amigos protestantes del Seminario Presbiteriano McCormick en Chicago. Nos enviaron profesores a cada región. Tres años y medio después me gradué como Doctor del Ministerio en Revitalización de Parroquias, y ¡ellos pagaron mis estudios! Me dieron una beca completa con base en ¡religión minoritaria y pobreza!

Con tantas parroquias que necesitan ser revitalizadas, ¿dónde están los programas de imaginación en nuestra propia Iglesia para detener este aluvión? ¡Los necesitamos desde hace años! Muchas diócesis tienen archivos sobre cómo cerrar parroquias, pero ni siquiera un panfleto sobre cómo mantenerlas abiertas. Como Iglesia estamos mejorando mucho, desconectando de la máquina a las parroquias moribundas, y continuamos creando más parroquias moribundas que desconectar.

GUERRA POR LAS FORMAS

La segunda fuerza que nos está matando es lo que yo llamo guerra por las formas, caracterizada por asaltos impetuosos, de los llamados liberales, a todas las formas religiosas antiguas, y la adoración idólatra a las formas antiguas de la religión por los llamados conservadores. En lo que a mí concierne, ambos están equivocados. Mediante un diálogo compasivo y honesto, tenemos el potencial de mantener lo mejor de lo viejo y ser receptivos a lo mejor de lo nuevo. Se está desperdiciando mucha energía, se perderá mucho de lo bueno en esta guerra que está causando mucho dolor a todos.

Mientras que esta guerra elitista se recrudece, nuestra gente está cruzando los límites de la parroquia, los límites diocesanos e incluso los límites confesionales, buscando verdadero alimento spiritual, buscando alternativas a las experiencias insatisfactorias que descubren en sus parroquias. Esto ni siquiera menciona el hecho evidente de que muchos de nuestros estudiantes de escuelas Católicas caras ni siquiera asisten a la Eucaristía dominical y abandonan completamente la Iglesia tan pronto se gradúan.

La religión tiene dos aspectos: el *exotérico y el esotérico*. El aspecto exotérico de la religión concierne a las formas de la religión, con la correcta adherencia a los rituales, las prácticas y preceptos oficialmente aprobados de una tradición particular de la fe. El enfoque de lo esotérico concierne a la esencia de la religión, y a aquellas cosas que guían a la gente a una relación más íntima con Dios.

Creo que el catolicismo reciente es todavía excesivamente exotérico en su enfoque. Mientras peleamos sobre qué formas mantener y qué formas inventar, vamos perdiendo el contacto con nuestra tradición de crecimiento espiritual. Fallamos en distinguir el mensaje del medio. Tanto los liberales como los conservadores están más enfocados en el medio que en el mensaje, anteponiendo *cómo* hacemos las cosas al *porqué* hacemos las cosas. Tanto los liberales como los conservadores todavía están demasiado enfocados en informar, cumplir y reformar: consintiendo ciertos hechos, siguiendo ciertas normas y corrigiendo ciertos comportamientos. Sin restarles importancia, estos no son la esencia. Según escribió Kenneth Woodward en el *Bien Común* (*Commonweal*) en 1994: "He cumplido con mi parte respecto a la crítica a la institución… Pero lo que más me ofende es la noción romántica de que todos los males de la Iglesia están en la institución, para que sí la pudiéramos reformar, nosotros mismos seríamos mejores cristianos. La verdad, con bastante frecuencia es al contrario."

En este nuevo milenio vamos a buscar la renovación de la Iglesia, sin manipular principalmente las estructuras, sino a través de la conversión de la gracia personal y la valiente transformación de un corazón a la vez. Jesús no llamó a la transformación de las estructuras, sino a la conversión de los corazones. Él sabía que sólo los convertidos de corazón sabrían qué formas cambiar y qué formas preservar.

La predicción de Karl Rahner se está cumpliendo: "El cristiano devoto del futuro será o un 'místico' o alguien que ha 'experimentado' algo; de lo contrario ya no será nada." Para muchos católicos de hoy, no ha habido un movimiento de corazón, solamente más argumentos entre la izquierda y la derecha sobre cómo arreglar las sillas de la cubierta del Titanic. Con un apetito voraz de crecimiento espiritual que la religión organizada está dejando de alimentar, la gente está volteando hacia la "sopita" del movimiento de la nueva era. Algunas personas todavía no lo comprenden. La esterilidad de la religión organizada dio a luz al movimiento de la nueva era.

LENGUAJE QUE DESANIMA

La tercera fuerza que nos está matando es nuestra conversación que desanima. *El Arte de la Posibilidad (The Art of Possibility)* hace la siguiente observación: "Todas las industrias y profesiones tienen su propia versión de este vocabulario, así como también todas las relaciones. Concentrándose en lo abstracto de la escasez, penuria, rareza, este vocabulario crea una irrebatible historia acerca de los límites de lo posible y nos cuenta de una manera convincente cómo las cosas van de mal en peor. Entre más atención se le da a un asunto en particular, mayor evidencia de que se expandirá. La atención es como la luz, el aire, el agua. Presta atención a los obstáculos y problemas, y estos se multiplicaran profusamente."[9] Bien sea la escasez de sacerdotes, la financiera o el cierre de parroquias, los problemas se multiplican profusamente a través de profecías que se cumplen por la constante conversación que desanima. De nuevo Henry Ford está en lo correcto cuando dice: "Tanto si piensas que puedes, como si piensas que no puedes, estás en lo cierto."

Mira nuestros ancestros espirituales, aquellos que construyeron nuestras grandes parroquias e instituciones. Tenían poco dinero, aunque mucha fe, determinación, creatividad, visión y el espíritu de poder obrar. En contraste, muchos de nuestros líderes que dejaron de soñar y de llamarnos a la grandeza parecen satisfechos manteniendo el orden, en vez de articular una visión y dirigir las tropas. A falta de visión, con la "conversación que estimula" cada uno de nosotros está impulsado por nuestras propias agendas: encontrar gente cuyos intereses coincidan con los nuestros y ser indiferentes con aquellos con quienes aparentemente no tenemos nada en común. Nos hundimos en el tribalismo. En una Iglesia sin visión cada quien va por su lado.

La visión atrae dinero y personal, clérigos o laicos. Los católicos dan el 1.1 por ciento de su ingreso a la Iglesia, en comparación con los protestantes que dan el 2.2 por ciento. Creo que esto sucede porque no se les da una visión, o no tienen un reto a la grandeza o porque están aburridos, no porque tengan menos recursos. Como escribió Carl Sandburg: "Nada pasa sin imaginarlo antes." ¡Si fuéramos protestantes, duplicaríamos de la noche a la mañana nuestro ingreso para nuevos programas!

¡Podemos si creemos que podemos! Podemos prosperar y crecer como Iglesia si nos atrevemos a hacer nuevas conexiones innovadoras. ¡Puedes entrar en shock al saber que aproximadamente el 65 por ciento de los 20 millones de dólares que costó la renovación y expansión de las instalaciones y los programas de nuestra Catedral provinieron de los no católicos! (Cuando se construyó la primera parroquia católica en Louisville, la parroquia madre de nuestra Catedral, el 90 por ciento de los fondos fueron aportados por protestantes). La revitalización y restauración de nuestra catedral se hizo posible a través de conexiones nuevas e innovadoras, mediante la creación de una nueva visión de la vieja catedral. Los de la conversación que desanima dijeron que no sería posible revitalizar una parroquia de la parte céntrica de la ciudad, que tales lugares tenían solamente una época dorada. ¡Gracias a Dios que los de la conversación que estimula no los escucharon!

CONCLUSIÓN

Nuestras pérdidas respecto de las nuevas mega iglesias son causadas por nuestras debilidades, no por nuestras fortalezas. Raramente la religión organizada ha sido animada a ser creativa. Incluso cuando las iglesias se encuentran en un desierto de inefectividad, tienden a defender los méritos del desierto en vez de buscar una solución. El Papa Juan XXIII fue una notable excepción. Él se dio cuenta, en palabras de Thomas Merton, que "la tradición es creativa, siempre original, siempre abierta a tomar una nueva dirección para un viejo viaje."

Cuando el Papa Juan XXIII inauguró el Concilio Vaticano II, dijo "Una cosa es la substancia... de la fe y otra la manera de formular su expresión. Debemos tomar el dolor para presentar a la gente de esta época la verdad de Dios en toda su integridad y pureza para que esta la entienda y la acepte de buena gana. La Iglesia quiere venir al encuentro de las necesidades actuales, mostrando la validez de su doctrina más bien que renovando condenas."[10]

Como hay que tener imaginación para "demostrar la legitimidad de las enseñanzas de la Iglesia," para que "la gente las entienda y acepte de buena gana," los restauradores nos habrían vuelto a la fuerza y la severidad. Al igual que nuestros ancestros espirituales, los israelitas, muchos de ellos cobardes de poca fe y valentía, se devolvieron solamente ante la vista del desierto.

Quizá fuimos ingenuos cuando partimos en este viaje hacia una nueva Iglesia. Quizás hemos adorado algunos becerros de oro en el camino, y quizás algunos se han retirado en el camino porque el camino se puso complicado, pero debemos mantener vivo nuestro sueño y continuar. Debemos "demostrar la legitimidad de nuestro mensaje para que el pueblo lo entienda y lo acepte de buena gana." Para hacerlo debemos no sólo mirar hacia atrás, sino también hacia adelante y hacer conexiones innovadoras entre ambas. ¡De nuevo Thomas Merton tiene estas palabras para nosotros! "Los que no son humildes odian su pasado y lo ocultan como si cortaran las cosas verdes y crecientes que brotan inagotablemente en el presente."

El reto de nuestra era es hacer lo que Mateo hizo por su pueblo cuando escribió el evangelio: Entrelaza lo nuevo y lo viejo …. Para hacerlo, podemos pronunciarnos en contra de nuestra propia falta de imaginación, nuestras guerras por las formas y nuestra ¡conversación que desanima!. Hay muchas cosas buenas que están sucediendo en nuestras parroquias, pero esto no niega el hecho de que estamos hasta el cuello de oportunidades desaprovechadas.

TEMAS DE DISCUSIÓN

1. Nombra algunas situaciones en las que hubieras podido tener ideas innovadoras en nuestra Iglesia. ¿Tienes alguna idea innovadora para manejar dichas situaciones?

2. ¿Qué tuvieron nuestros ancestros, que construyeron nuestras grandes instituciones, que no tengamos hoy? ¿Qué tenemos nosotros que nuestros ancestros no tuvieron? ¿Por qué crees que hay tan poca imaginación en la Iglesia de hoy?

3. ¿Cuál es el mayor obstáculo para que no tengamos suficientes sacerdotes que sirvan en nuestras parroquias de hoy? ¿Qué puedes hacer tú como sacerdote para vencer ese obstáculo?

4. ¿Por qué crees que la gente de hoy está dejando la Iglesia para tender a movimientos como el de la nueva era y las mega iglesias independientes? ¿Qué puedes hacer como sacerdote para ayudar a la gente a saciar su sed espiritual dentro de la Iglesia?

5. ¿Qué sugerencias tienes para cerrar la brecha entre los liberales y conservadores de nuestra Iglesia?

6. ¿Cómo puedes tú, como nuevo sacerdote, ayudar a detener la oleada de negatividad y la conversación que desanima en nuestra Iglesia?

LÍMITES MINISTERIALES

Las buenas cercas hacen buenos vecinos.
Robert Frost

Solía pensar que esta declaración era tan cínica, tan anti social. Yo ingenuamente pensé que debería decir: "Los buenos vecinos no necesitan cercas" Después de 35 años de sacerdocio, más viejo y más sabio, he empezado a apreciar la sabiduría del poema del señor Frost.

Por definición, un límite es una barrera que define y separa una cosa de otra. Cada organismo vivo está separado de los demás organismos vivos por una barrera física. Esta puede ser traspasada por lesiones o por otros organismos. Si la infracción es lo suficientemente grave, o si el organismo invasor es tóxico u hostil, el organismo receptor puede morir. Una barrera física intacta preserva la vida. El ejemplo perfecto es tu piel. Es una barrera. Todo lo que está dentro de tu piel es tu parte física. Aun las partes dentro de ti tienen barreras entre ellas: ¡perfora tu colon, punza tu aorta y sabrás cuánto más vas a vivir! Traspasar las barreras puede ser mortal. Las barreras físicas intactas preservan la vida.

La mayoría estamos de acuerdo sobre esto, pero hay otros límites que se extienden más allá de lo físico. Nos damos cuenta de ellos cuando alguien está parado demasiado cerca a nosotros. Es como si estuviéramos rodeados de un círculo invisible, una zona de confort. Esta zona es fluida. Un novio puede pararse más cerca de su novia que la mayoría de sus amigos, y sus amigos pueden pararse más cerca de ella que un extraño. Con alguien hostil, necesitamos más distancia.

Tenemos también otros límites: (1) Los límites emocionales que son un conjunto de sentimientos y reacciones que son claramente nuestros debido a nuestra historia, percepción, valores, preocupaciones y metas. Podemos conocer personas que reaccionen de una manera similar, pero ninguna reacciona exactamente como nosotros. (2) Nuestros límites espirituales son también únicos. Nadie nos puede decir en qué creer. Nos pueden ayudar, pero no forzar. Nuestro desarrollo espiritual viene de nuestro fuero interno, como nos enseñó el Concilio Vaticano II acerca del rol de la conciencia. Especialmente los sacerdotes deben recordar que "el hombre mira las apariencias, pero Yaveh mira el corazón." (3) Tenemos barreras sexuales, límites entre lo que es un comportamiento sexual seguro y adecuado del que no lo es. Normalmente podemos decidir con quién interactuamos sexualmente y la magnitud de tal interacción. (4) Tenemos límites de relaciones. Los roles que jugamos definen los límites de una adecuada interacción con los demás.

Los límites son importantes. Dan orden a nuestras vidas y a nuestras comunidades. Con buenos límites, podemos tener la asombrosa seguridad de saber que podemos protegernos a nosotros mismos, y a aquellos a nosotros confiados, de la ignorancia, la maldad, la desconsideración y los pecados ajenos.

Las infracciones a los límites pueden ser conscientes y premeditadas, pero generalmente pasan rápida e inconscientemente. Como cualquier cerca, los límites necesitan mantenimiento y vigilancia. Los límites no siempre son rígidos. Hay límites relacionados con la edad, con la cultura y aun con el tiempo. Lo que es adecuado para un grupo o una cultura puede no serlo para otros. Desahogarte con un consejero o confesor sobre los detalles de tu vida sexual puede ser adecuado, mientras que ¡decirlo desde el púlpito no lo es!

Las relaciones son el centro del ministerio pastoral.[11] Los sacerdotes y religiosos en sus funciones y participación sumamente complejas pueden enredarse fácilmente y traspasar límites. Los problemas surgen cuando los sacerdotes y los religiosos fallan en darse cuenta de sus roles como ministros con los demás. Las infracciones a los límites ocurren cuando los sacerdotes o los religiosos implícita o explícitamente definen una relación de una manera inexacta.

Los límites ministeriales son los que permiten una conexión segura en una relación ministerial basada en las necesidades de los demás. Por lo tanto, las infracciones a los límites ocurren cuando los ministros lo hacen por causa de sus propias necesidades en la relación. Las violaciones a los límites usualmente implican una serie de interacciones, no un solo evento. Muchas infracciones empiezan como una situación inocente en la que tanto al sacerdote o religioso como la otra persona se sienten bien. Los problemas surgen cuando el sacerdote o religioso intenta ser amigo y niega su propio poder y estatus como representante de la Iglesia.

El asunto de los límites es muy importante hoy en día, porque ya no existen muchos de nuestros controles sociales. Como resultado de esto, debemos conocernos bien a sí mismos, porque frecuentemente obramos con segunda intención por motivos ocultos, al mismo tiempo que seguimos en negación de lo que realmente está sucediendo. La persona en la posición de poder *siempre* es la responsable de las interacciones inadecuadas que ocurran, sin importar quién las inició. Es deber del sacerdote o religioso marcar los límites.

¿Cuándo tienen los sacerdotes y la comunidad religiosa mayores posibilidades de violar los límites ministeriales? Hay cuestiones específicas, luchas personales y patrones de comportamiento comúnmente compartidos por aquellos que se empeñan en violar los límites: falta de intimidad, escasas redes sociales, soledad, aislamiento, pérdida, falta de conciencia sexual, estrés, agotamiento, uso inadecuado del alcohol o antecedentes de límites emocionales débiles, incluyendo la posible victimización de sí mismo y la falta de prestar atención a las preocupaciones de los demás respecto de comporta-mientos inadecuados.

"Las buenas cercas hacen buenos vecinos." Los límites son estructuras que nos liberan y nos facilitan relacionarnos y ejercer nuestro ministerio con confort y confianza.

TEMAS DE DISCUSIÓN

1. ¿Cómo has sido afectado personalmente por las infracciones a losímites por parte de otros sacerdotes y religiosos, especialmente por aquellos implicados en el reciente escándalo de abuso sexual?

2. ¿Por qué crees que ellos infringieron esos límites?

3. ¿Cuándo eres más susceptible de infringir los límites? ¿Qué medidas puedes tomar para prevenir que vuelvan a ocurrir?

4. ¿Qué responsabilidad tienes cuando eres testigo de que otros sacerdotes, religiosos o personal de la Iglesia infringen los límites ministeriales?

5. Somos más conscientes que los demás de las infracciones a los límites sexuales. Da ejemplos de infracciones a los límites emocionales y espirituales. ¿Qué hay detrás de este tipo de infracciones?

LA ESPIRITUALIDAD DEL SACERDOTE DIOCESANO[12]

Dos sacramentos, el Orden sagrado y el Matrimonio, están ordenados a la salvación de los demás. Contribuyen ciertamente a la propia salvación, pero esto lo hacen mediante el servicio que prestan a los demás. Confieren una misión particular en la Iglesia y sirven a la edificación del Pueblo de Dios.
Catecismo de la Iglesia Católica 1534

Como seminarista formado por los Sulpicios y los Benedictinos durante 12 años, luego como sacerdote diocesano por 35, y nuevamente como sacerdote diocesano en un seminario manejado por los Benedictinos, he tenido la ventaja de observar la espiritualidad de los sacerdotes diocesanos desde ambos ámbitos: como se enseña en el seminario y como se vive en el mundo real de los sacerdotes diocesanos. Adicionalmente, como director de vocaciones durante siete años, puedo decir que en la actualidad la formación espiritual de los seminaristas es excelente, pero como se deriva de los carismas, no necesariamente de nosotros mismos, puedo decir por experiencia que no siempre se hace bien después de la ordenación.

Muchos escritores sobre el tema de la espiritualidad de los sacerdotes diocesanos coinciden en dos cosas: (1) La espiritualidad de los sacerdotes diocesanos es ecléctica, una amalgama de espiritualidades cuasi monásticas: jesuitas, dominicanas y franciscanas. La espiritualidad de los Dominicos y de los Franciscanos se filtra con frecuencia a través del acercamiento sulpicio e irlandés a la vida espiritual, y (2) Los sacerdotes diocesanos continúan buscando una espiritualidad propia de ellos.

La espiritualidad de los sacerdotes diocesanos tiene, por supuesto ante todo, raíces en la espiritualidad del bautizado, y la vida diaria consecuencia de la muerte y resurrección de Nuestro

Señor Jesucristo. Al igual que los primeros discípulos de Jesús, el sacerdote debe tomar decisiones fundamentales por la fe radical en Jesús. Debe estar dispuesto a arriesgarlo todo y apostar su vida por Jesús. Constantemente debe nutrir su relación personal con Jesús y modelar su corazón en el corazón inclusivo de Jesús, porque el Reino de Dios se abrió a todos. Obrando *in persona Christi*, debe amar sin límites y tener misericordia sin medida. Esta manera de vivir y esta fe obvia dan autenticidad, vitalidad, significado y eficiencia a su rol como *pastor* del rebaño.

Esta espiritualidad bautismal se vive en el contexto específico de su ministerio como sacerdote, así como los recién casados viven una espiritualidad en el contexto específico de la paternidad y el matrimonio. El Catecismo dice que estos dos sacramentos están dirigidos no solamente hacia la propia salvación, sino hacia la salvación de los demás. "… si ellos contribuyen ciertamente a la propia salvación, pero esto lo hacen mediante el servicio que prestan a los demás." (N°.1534). La espiritualidad del cónyuge y del sacerdote diocesano proviene del contexto de vivir bien sus llamadas específicas.

En su nivel más básico, la espiritualidad presbiteral es eclesial. Es *para* la Iglesia. El sacerdote diocesano es llamado del laicado a vivir entre los laicos y servir la misión y el ministerio de los laicos. Aquí el sacerdote diocesano tiene tres funciones: predicar la Palabra, presidir la celebración de los sacramentos y guiar la fe de las comunidades. El contexto específico de la espiritualidad de los sacerdotes diocesanos, por lo tanto, implica hacer estas tres cosas bien, al igual que la espiritualidad de una persona casada está definida en ser buen cónyuge y buen padre.

Hay dos palabras griegas importantes para "bueno:" *agathos* y *kalos*. *Agathos* significa ser moralmente bueno. *Kalos* significa ser efectivo o bueno en algo. Por lo tanto, se puede decir del Papa Juan Pablo II que es *agathos* y *kalos*, es una persona buena y es bueno en pastorear. Yo diría que la espiritualidad emergente del sacerdote diocesano debe consistir en ser una persona buena *y* ser bueno en el sacerdocio. La espiritualidad emergente del sacerdote diocesano será cuestión de ambas no de una u otra.

En la espiritualidad de los sacerdotes diocesanos anterior al Concilio Vaticano II el entrenamiento en el seminario hacía énfasis en *agathos*. Se enfocaba principalmente en los aspectos ascéticos y devocionales de la vida interior. Celebrar la Eucaristía, rezar el breviario, rezar el rosario y adoptar otras prácticas de devoción fueron la fuente y energía de su espiritualidad. A partir del Concilio Vaticano II hemos visto un cambio de énfasis que ha agregado *kalos*. Este cambio es más de desarrollo que disyuntivo, porque se construye en la base tradicional de la espiritualidad sacerdotal. La espiritualidad sacerdotal ha evolucionado en una interdependencia de *agathos* (espiritualidad personal basada en la persona) y *kalos* (espiritualidad basada en el ministerio).

Por consiguiente, la espiritualidad emergente del sacerdote diocesano puede ser considerada como una espiritualidad dialéctica que tiene sus raíces en su vida, fe y oración y, al mismo tiempo, ha sido formada y forjada por el ejercicio de su sacerdocio ministerial. Un polo de la dialéctica, la santidad personal, es común a todos los bautizados. Es a través del otro polo de la dialéctica que descubrimos esas cosas que nos permiten hablar de la espiritualidad propia de un sacerdote diocesano. La espiritualidad única del sacerdote diocesano es forjada y formada en su triple función en la comunidad de los fieles: Predicador, celebrante y guía, no simplemente en prácticas personales ascéticas y devocionales.

Si la espiritualidad de un sacerdote diocesano es *eclesial*, no simplemente *personal*, al sacerdote se le considera como aquel que sirve una Iglesia *enfocada en la gente*, énfasis muy diferente de aquel anterior al Concilio Vaticano II en el que al sacerdote se le consideraba como aquel que servía una Iglesia *enfocada en el Sacerdote*. En la Iglesia, entendida como el pueblo de Dios, el sacerdote ejerce como siervo del pueblo de Dios y como aquel cuyo ministerio es ejercido en cooperación e interdependencia con otros diversos ministerios de la Iglesia. La espiritualidad del sacerdote diocesano, entonces, será forjada y formada en su triple función en la comunidad de los fieles como predicador de la Palabra, celebrante de los sacramentos y coordinador de carismas. No es suficiente que un sacerdote diocesano sea simplemente santo, también debe ser bueno en estos tres ministerios básicos.

Hablaré un poco sobre las partes de la espiritualidad del sacerdote diocesano basadas en la homilía y como celebrante, pero tendré que hablar más sobre la espiritualidad del sacerdote diocesano basada en el siervo-guía. Aviso importante: A pesar de que los estudios revelan que la mayoría de los sacerdotes disfrutan de la segunda de las tres funciones del sacerdocio, presidir la celebración de los sacramentos, y algunos favorecerían hoy día ser sacerdotes "cúlticos," no podemos ser sacerdotes de "cafetería," escogiendo una y rechazando otra. Hemos sido llamados para ejerce las tres funciones al mismo tiempo.

LA ESPIRITUALIDAD DEL SACERDOTE DIOCESANO BASADA EN LA HOMILÍA

"Se presentaban tus palabras, y yo las devoraba; era tu palabra para mí un gozo y alegría de corazón" —Jeremías 15:16

> El Pueblo de Dios se reúne, ante todo, por la palabra de Dios vivo que con todo derecho hay que esperar de la boca de los sacerdotes. Pues como nadie puede salvarse, si antes no cree, los presbíteros, como cooperadores de los obispos, tienen como obligación principal el anunciar a todos el Evangelio de Cristo.[13]

Además de decir que la predicación es "el deber principal" de los sacerdotes, el Consejo exhortó a los sacerdotes a predicar en la Eucaristía de la semana, así como también en la dominical y en la celebración de los demás sacramentos. Esto es un llamamiento a la predicación diaria. En vez de ser tan solo otra de las cosas que hacen los sacerdotes, esta es el corazón de la espiritualidad de los sacerdotes diocesanos. Predicar bien, con esta frecuencia, requiere sumergirse en la Palabra. La lucha por entenderla de tal manera que su poder para transformar pueda ser experimentado y comunicado debe ser parte integral de su crecimiento espiritual como sacerdote diocesano.

Si la responsabilidad principal de un sacerdote diocesano es predicar, entonces ¡es más fácil decir que hacer! Aunque el

Concilio Vaticano II emitió su decreto en 1965, si preguntas 40 años después a cualquier católico honesto, este te responderá que los sacerdotes todavía están fallando en su responsabilidad principal. Los católicos están cruzando los límites diocesanos y parroquiales en busca de alimento espiritual sólido, y cuando no lo encuentran, entonces nos dejan para unirse a esas megas iglesias independientes que están brotando por todo el país, succionando a la gente de nuestras parroquias a una rata alarmante. Ya se ha pasado el momento de convertir ¡un deseo profundo a una realidad obvia! "la responsabilidad principal de un sacerdote es predicar." En este capítulo, me gustaría resaltar varias cosas que creo que ayudarán a surgir más especialistas en predicación para la Iglesia.

El PROPÓSITO DE PREDICAR

El propósito de predicar es "invitar a todos a la conversión y a la santidad."[14] Tú no puedes llamar a los demás a la conversión y la santidad sin haberte convertido tú mismo a la santidad. De lo contrario, te convertirás en otra clase de especialista en predicación, un manipulador astuto del pueblo para lograr tus propios medios, pero no serás un sacerdote, un medio para llevar la Buena Nueva de Dios. Puedes ser capaz de entretener, hacer reír o llorar al pueblo, o que te de su dinero, pero nunca podrás llevarlo a la conversión y a la santidad. "¡Por tanto, la fe viene de la predicación, y la predicación, por la Palabra de Cristo!" (Romanos 10:17).

La primera prueba del predicador es su habilidad de hacer un llamado al pueblo al discipulado. La última prueba del predicador es su habilidad para tener la disciplina que él pide a los demás, mediante la práctica de lo que predica, predicar y practicar.

¿PREDICAR SOBRE QUÉ?

Somos llamados "no a predicar nuestra propia sabiduría, sino la Palabra de Dios."[15] Somos llamados a predicar el

Evangelio. El Evangelio significa nuevas. ¿Podrías decirme en pocas palabras cuál es la Buena Nueva que Jesús vino a traer al mundo, que tú estás comisionado a anunciar? No puedo creer que existan diáconos y sacerdotes que han predicado durante años, seminaristas a punto de ordenarse tras 5 ó 6 años en el seminario, que no puedan responder esta pregunta.

La buena nueva, y la conclusión de todas las homilías, debe ser esta: Dios nos ama incondicionalmente, ¡sin condiciones, ni peros! Es el mensaje de la Alianza. Es el mensaje de las parábolas. Es el mensaje de la pasión, Muerte y Resurrección de nuestro Señor Jesucristo. El mayor problema tras toda predicación ocurre cuando el predicador en sí no entiende o no cree en esta Buena Nueva y termina predicando el mensaje opuesto al amor condicional.

Somos llamados a predicar el Evangelio, no nuestras opiniones, prejuicios, manías o propia sabiduría. Si nuestros viajes a Europa no ayudan a ilustrar el texto del evangelio, ¡entonces no los mencionemos! Además, es inconsciente no pensar, en el mejor de los casos, en todas aquellas familias frente a nosotros que nunca podrán pagarse esos viajes. No interesa qué tan graciosos sean nuestros últimos chistes, si no ilustran lo que Jesús vino a decir, ¡entonces necesitamos dejarlos para otra ocasión! No hemos sido llamados a contar chistes desde el púlpito. Predicar no es una clase sobre las Escrituras o una conferencia sobre teología. La gente no está interesada en saber a dónde fuimos de vacaciones, lo graciosos que somos, lo que nos hace enfadar, o cuánto sabemos. Predicar no se trata de hablar de nosotros mismos; se trata de ayudar a las personas a responder la invitación de Cristo al discipulado. ¡Somos el cofre, no el tesoro!

"...que toda la predicación eclesiástica, como la misma religión cristiana, se nutra de la Sagrada Escritura, y se rija por ella. Porque en los sagrados libros el Padre que está en los cielos se dirige con amor a sus hijos y habla con ellos; y es tanta la eficacia que radica en la palabra de Dios, que es, en verdad, apoyo y vigor de la Iglesia, y fortaleza de la fe para sus hijos, alimento del alma, fuente pura y perenne de la vida espiritual."[16]

"Hay que reconocer y emplear suficientemente en el trabajo pastoral no sólo los principios teológicos, sino también los descubrimientos de las ciencias profanas, sobre todo en psicología y en sociología, llevando así a los fieles a una más pura y madura vida de fe."[17]

"El sacerdote debe ser el constructor del puente que conecta lo humano con lo divino. Para hacerlo de una manera eficiente, debe conocer el terreno en ambos extremos del puente, al igual que el mismo puente." (Reverendo Robert Schwartz). Uno de los ejemplos más tristemente célebres del predicador que no se conoce a sí mismo es aquel que no conoce su propia sexualidad y no ha integrado su propia energía sexual. Será un predicador obsesionado no con la "buena nueva," sino con el sexo, la moral y la vida sexual de los demás, como tema substituto para no tratar con su propia sexualidad. Esto se hace, por supuesto, bajo la carátula de defender la moralidad.

LA PASIÓN POR PREDICAR

"Yo decía: No volveré a recordarlo, ni hablaré más en su Nombre. "Pero había en mi corazón algo así como fuego ardiente, prendido en mis huesos, y aunque yo trabajada por ahogarlo, no podía." –Jeremías 20:9

"El sacerdote también puede anunciar el Evangelio solamente hasta el punto que la Palabra ha ardido en su corazón y la vive en su vida."[18] Antes de que uno pueda ser como Samuel "no dejando caer en tierra ninguna de sus palabras." (1 Samuel 3:19), debe ser como Jeremías para quien predicar fue algo así "como fuego ardiente, prendido en mis huesos, y aunque yo trabajada por ahogarlo, no podía," (Jeremías 20:9) y "Se presentaban tus palabras, y yo las devoraba; era tu palabra para mí un gozo y alegría de corazón." (Jeremías 15:16). "Porque de lo que rebosa el corazón habla su boca." (Lucas 6:45). *"Nemo dat quod non habet."* "Nadie puede dar de lo que no tiene" (máxima antigua del latín). "Si tienes la historia dentro de ti, tienes que sacarla." (William Faulkner).

Predicar formalmente no es para cobardes ni débiles de corazón. Sólo aquellos que están en una búsqueda real, personal y espiritual pueden llegar a ser alguna vez predicadores profesionales efectivos. El predicador profesional debe conocer la palabra de Dios, conocer a la gente y conocerse a sí mismo! Las herramientas principales de un "predicador profesional" son las Escrituras, los diarios y sus propios diarios espirituales.

CONCENTRAR LA ATENCIÓN

Nadie nace siendo un predicador profesional. Empieza con un sueño; se nutre con la fe, se perfecciona cuando se concentra toda la atención en ello. ¡Si te concentras, puedes mejorar en todo lo que te concentres! Si verdaderamente crees que puedes llegar a ser un predicador profesional, lo lograrás, pero no es fácil. Requiere años de concentrar la atención. Convertir ese sueño en realidad exige mucho coraje. La duda es un enemigo constante. Donde reina la duda, hay una fuerte tentación de dejar ir parte del sueño como una manera de resolver tensiones inevitables. El éxito depende de la habilidad de permanecer siempre entusiasmado, enfocado y decidido.

Yo soy un ejemplo viviente de concentrar la atención. Yo era tan tímido que apenas si podía leer frente a mis compañeros de clase en el seminario. Nadie nace siendo un profesional en predicación. Después de mi ordenación me encontré en una situación en la cual se necesitaba a un profesional en predicación en una misión doméstica. Decidí que yo podría serlo y me preparé para la ocasión. Decidí ser lo que había imaginado. Trabajando fuertemente y concentrado, he sido un profesional en predicación por 35 años. He dado miles de homilías y cientos de retiros, misiones parroquiales y días de recordación. He publicado tres colecciones de homilías, grabado tres cintas de colecciones de homilías, escrito una columna semanal sobre espiritualidad popular en nuestro periódico diocesano y aún he dictado cursos de homilética de vez en cuando.

¡Deséalo y lo tendrás! ¡Créelo y lo verás! Como dice un viejo proverbio: "¡Cuando el estudiante está listo, aparece el maestro!" "Ayúdate que Dios te ayudará" (Esquilo, Fragmento 223).

ORGANIZARSE PARA TRIUNFAR

La enseñanza en redactar las homilías ha mejorado muchísimo en los seminarios durante los años pasados. Sin embargo, se pone muy poca atención a los pasos necesarios para enseñar cómo producir varias homilías cada semana al mismo tiempo que se hacen todas las cosas para las cuales fuimos llamados. El sueño de ser un especialista en la homilética comienza con un plan para implementarlo.

Creo que todos los futuros profesionales en predicación deben tener su propio centro de recursos para sus prédicas personales. Este centro que debe estar bien organizado debe tener un espacio cómodo para pensar y trabajar, un programa de computador para almacenar y retribuir su trabajo, una biblioteca de comentarios, citas conocidas, un tesauro bíblico, un tesauro regular, un archivo en papel para guardar recortes e ideas, una grabadora manual con cintas vacías, y un diario de experiencias personales.

En mi propio centro de recursos para mis prédicas personales tengo inclusive un equipo de música y una máquina para hacer ejercicios. He descubierto que mi mente se aclara más durante turnos entre el equipo de ejercicio y el computador, especialmente cuando escucho música relajante. ¿Quién hubiera pensado en poner el ejercicio y las homilías juntas? Este es un ejemplo único del plan de cómo "trabajar mejor, no en exceso" que todos los sacerdotes de hoy deben crear para sí mismos en el mundo apresurado del ministerio parroquial.

Finalmente, solicito sugerencias a la gente. Tengo varias cajas de cartas de parroquianos que me han enviado con afirmaciones, ideas y críticas constructivas. Me he dado cuenta de que cuando trato de alimentarlos, ellos a su vez me alimentan, estableciendo un ciclo de energía que me da el ánimo y la determinación de continuar predicando. Sus respuestas han hecho que todo valga la pena. Hay algo mágico cuando se ayuda a la gente a ponerse en contacto con Dios.

CONCLUSIÓN

Los católicos romanos están ávidos por oír buenas predicaciones. Van de parroquia en parroquia buscándolas. Cuando no las escuchan dentro de nuestra Iglesia, se sienten libres para buscarlas en otros lugares. "Pero ¿cómo invocarán a aquel en quien no han creído? ¿Cómo creerán en aquel a quien no han oído? ¿Cómo oirán sin que se les predique?" (Romanos 10:14). Si no eres parte de la solución, entonces eres parte del problema. ¡Empieza a ser un profesional en predicación! Haz que la predicación sea el mayor componente de tu espiritualidad como sacerdote diocesano.

La Espiritualidad del Sacerdote Diocesano Basada en el Celebrante

Predicar es lo mismo que presidir la celebración de los Sacramentos: La proclamación de la Buena Nueva. Ambas son invitaciones a buscar una respuesta. Se han unido, al fin como nunca antes, en la Iglesia del Concilio Vaticano II.

Los Sacramentos, momentos privilegiados en los que se comunica la vida divina a las personas, son el mismo corazón del ministerio sacerdotal. Cuando el sacerdote celebra los Sacramentos obra *in persona Christi*.

Por lo tanto, se necesitan dos cosas:

> 1. Aunque Jesucristo puede actuar a través de las debilidades de los seres humanos, si los sacerdotes debemos obrar *in persona Christi*, se debe seguir un estilo de vida digno de confianza. San Agustín dijo: "El don de Cristo no por ello es profanado por un ministro débil; lo que llega a través de él conserva su pureza, lo que pasa por él permanece. Lo que atraviesa seres manchados no se mancha." A pesar de que el mensaje no depende de la bondad del mensajero, los sacerdotes deben moldear su vida de tal manera que se conviertan en el puente y no en un obstáculo.

2. Se necesita una ceremonia y celebración litúrgica de alto nivel, sin espectáculos, ni gustos personales por estilos ajenos a la comunidad. La mejor máxima debe ser: "Sigue bien las reglas, con sus excepciones."

La esencia del ministerio sacerdotal es la celebración de la Eucaristía, "la cumbre y la fuente" de la vida cristiana. El Bautismo, la Confirmación y la Eucaristía son Sacramentos de Iniciación; la Confesión y la Unción de los enfermos son Sacramentos de Sanación; la Ordenación y la celebración del Matrimonio son Sacramentos de Servicio.

La Espiritualidad del Sacerdote Diocesano basada en el Guía y Servidor

Esta puede ser la dimensión más difícil de la espiritualidad de los sacerdotes diocesanos, y cada día se hace más difícil. Los sacerdotes son los guías de la comunidad, no los únicos, pero al fin y al cabo guías.

¿A quiénes guían y a dónde los guían? El Papa Juan Pablo II lo expresó muy bien: "por medio del sacerdocio común de los fieles, los presbíteros reciben de Cristo en el Espíritu un don particular, para que puedan ayudar al Pueblo de Dios a ejercitar con fidelidad y plenitud el sacerdocio común que les ha sido conferido." Agrega que "El sacerdocio no es una institución que existe junto con los laicos, o "encima de" los laicos. El sacerdocio es "para" los laicos: justamente por esta razón posee un carácter ministerial, es decir uno "de servicio." "Es misión de los sacerdotes diocesanos guiar a los laicos para que ejerzan completamente y llenos de fe su sacerdocio del bautismo."

La espiritualidad del párroco está construida alrededor de su vocación a pastorear. El objeto esencial de su acción como pastor es el bien común. Por lo tanto, debe moverse de un punto de vista personal a un punto de vista comunitario. A diferencia de los seminaristas, el párroco no se da el lujo de vivir simplemente en su punto de vista personal. La diferencia entre ser un seminarista con un punto de vista personal y un sacerdote como personaje público, especialmente como párroco, no puede ser subestimada. Algunos nunca entenderán la diferencia y dividirán congregaciones bajo el pretexto de "aquellos que están conmigo y aquellos que están contra mí."

Un sacerdote, principalmente un párroco, nunca puede favorecer a ninguna ideología o partido humano. "Un pastor siempre se mueve de su dimensión personal a la dimensión de la comunidad. Deben, por consiguiente, los presbíteros, consociar las diversas inclinaciones de forma que nadie se sienta extraño en la comunidad de los fieles. Son defensores del bien común, del que tienen cuidado en nombre del obispo, y al mismo tiempo defensores valientes de la verdad, para que los fieles no se vean arrastrados por todo viento de doctrina."[19]

Se deben evitar los extremos: el autoritarismo (ejercer su ministerio de una manera impositiva) y la abdicación (desdeñar su legitimo rol de guía). La palabra clave aquí es ejercer la autoridad *adecuadamente*.

Algunos observadores veteranos de la Iglesia insisten en que la necesidad más apremiante que enfrenta el Catolicismo hoy en día es la calidad de su guía sacerdotal, la tercera de la triple función del sacerdote. Sin importar cómo se clasifique la calidad del guía sacerdotal en cualquier escala de prioridades de la Iglesia, claramente es un asunto de interés para la vitalidad de la Iglesia en cualquier época en que esta se encuentre. Ser guía de una manera adecuada es parte integral de la espiritualidad del sacerdote diocesano.

La autenticidad y madurez de la espiritualidad de los sacerdotes continúa siendo el aspecto fundamental que apoya su predicación, presidiendo y orientando. Las destrezas pastorales pueden ser enseñadas, pero siguen siendo técnicas a menos que tengan raíces y estén conectadas con la espiritualidad del sacerdote diocesano

En resumen, la espiritualidad de un párroco implica integrar quién es él con lo que hace, siendo una buena persona y siendo bueno en lo que hace, contribuyendo a su propia salvación mediante su servicio a los demás.

San Gregorio Nacianceno habla sobre esta integración cuando escribe "Antes de purificar a los demás, debéis purificaros, antes de instruir a los demás, debéis instruiros; debéis ser luz para iluminar y acercaros a Dios para santificar."

San Carlos Borromeo habla de esta integración cuando escribe "Si estás dedicado a la predicación y la enseñanza, entonces estudia y haz todo lo necesario para el recto ejercicio de este cargo. Procura antes que todo predicar con tu vida y costumbres, porque si no lo haces, la gente notará que una cosa es lo que dices y otra lo que haces y se burlarán de tus palabras meneando la cabeza."

LIBRES PARA SERVIR TIEMPO COMPLETO

Los sacerdotes diocesanos no hacen votos, pero hacen dos promesas muy importantes al obispo: celibato y obediencia. En vez de ser negativas, estas dos promesas permiten que sea posible que tengan completa disponibilidad para el servicio apostólico.

EL CELIBATO

Durante muchos años la Iglesia Católica Romana ha exigido que sus ministros ordenados, con la excepción de los diáconos permanentes, vivan un estilo de vida célibe. Esta larga tradición, reafirmada por el concilio Vaticano II y posteriormente por los Papas Pablo VI y Juan Pablo II, es el resultado de muchos siglos de reflexión sobre el estilo de vida adecuado para un ministro ordenado.

El compromiso del celibato sigue siendo la traducción más radical y comprensiva del llamado de Jesús a dejarlo todo por el bien del reino. Es necesario ser una persona altamente evolucionada espiritualmente para que libre y conscientemente acepte el celibato y lo cumpla. Este estilo de vida heroico supone una persona sana y bien ajustada. Para esa persona el celibato lo libera para un bien mayor, para el servicio a tiempo completo al pueblo de Dios.

LA OBEDIENCIA

Al igual que el celibato, la obediencia libera a los sacerdotes diocesanos para que tengan una disponibilidad total para ejercer un servicio apostólico. La promesa de obediencia se hace al obispo, pero tiene implicaciones más allá de la persona del obispo. Incluye una promesa a sus compañeros del presbiterado. Es una promesa al obispo y a sus compañeros sacerdotes de formar un equipo por el bien de su misión común al Pueblo de Dios.

TEMAS DE DISCUSIÓN

1. ¿Cómo cambiará la espiritualidad que has desarrollado como seminarista cuando seas sacerdote diocesano?

2. ¿Planeas reemplazar a tu director espiritual del seminario?

3. ¿Qué puedes hacer para que tu triple función de predicador, celebrante y guía se convierta en la base de tu espiritualidad como sacerdote diocesano?

4. En vista de las múltiples ocupaciones del sacerdote diocesano ¿cómo planeas que la predicación continúe siendo tu tarea primordial de hecho, no de nombre?

5. ¿En cuáles de esas tres funciones crees que necesitarás ayuda?

6. ¿Cómo te dejarán tiempo libre para servir las promesas de celibato y obediencia?

¿CUÁLES SON LAS AYUDAS DISPONIBLES PARA LOS SACERDOTES DIOCESANOS?

Querido, te portas fielmente en tu conducta para con los hermanos, y eso que son forasteros. Ellos han dado testimonio de tu amor en presencia de la Iglesia. Harás bien en proveerles para su viaje de manera digna de Dios. Pues por el Nombre salieron sin recibir nada de los gentiles. Por eso debemos acoger a tales personas, para ser colaboradores en la obra de la Verdad. –III Juan 1:5-8

Mientras que cada sacerdote es en últimas responsable de su propia felicidad, los sacerdotes diocesanos tienen a su disposición un despliegue generoso de apoyo personal y profesional. A continuación sigue un resumen del posible personal y apoyo profesional con que cuentan los sacerdotes diocesanos. Se han extraído de varios documentos de la Iglesia sobre el sacerdocio, pero varían entre una diócesis y otra, aunque fundamentalmente no cambia:

Los Laicos

?Sin sacerdotes la iglesia no podría llevar a cabo todas aquellas cosas que son la misma esencia de su misión. El sacerdocio, entonces, es un don para la Iglesia entera, un beneficio para su vida y misión. La Iglesia, por lo tanto, es llamada para salvaguardar, estimar y amar este don. Los laicos, por su parte, deben darse cuenta de su obligación hacia los sacerdotes, y deben seguirlos con amor como sus pastores y padres. Deben ayudar a sus sacerdotes mediante la oración, y compartir sus cuidados para que ellos puedan solucionar mejor las dificultades, y puedan ejercer sus deberes efectivamente.

El Obispo

El obispo siempre debe tener amor y preocupación especial por sus sacerdotes ya que ellos asumen, en parte, los deberes y cuidados que a él le corresponden y llevan el peso de su carga cotidiana. Él debe preocuparse por las condiciones espirituales, intelectuales y materiales de sus sacerdotes, para que estos puedan llevar vidas santas y cumplir su ministerio con fe y efectividad. Se debe prestar atención especial a aquellos que corren algún peligro o han fallado.

Sacerdotes Compañeros

En virtud de su sagrada ordenación y misión común a todos, todos los sacerdotes están unidos entre sí por la íntima fraternidad sacramental. Por tanto, todos y cada uno de los sacerdotes está unido a sus hermanos sacerdotes por un vínculo de amor, oración y toda clase de cooperación. Los sacerdotes de mayor edad deben recibir a los más jóvenes como verdaderos hermanos y ayudarlos en la primera asignación de su ministerio. Los sacerdotes jóvenes deben respetar la edad y experiencia de sus mayores. Los sacerdotes deben ser especialmente solícitos hacia los demás sacerdotes que estén enfermos, afligidos, sobrecargados de trabajo, solos, lejos de su tierra natal o que han fallado de alguna manera. Se debe animar a los sacerdotes a desarrollar algún tipo de vida comunal, a compartir su techo cuando sea posible, una mesa común, o al menos reuniones frecuentes y regulares.

La Familia y los Amigos

El celibato no excluye ni las amistades cálidas ni las relaciones cercanas. Los sacerdotes necesitan valorar la amistad de hombres y mujeres laicos, católicos y no católicos. Los cónyuges y sus familias juegan un rol clave en la vida de muchos sacerdotes. La familia, padres, tíos, hermanos, sobrinos y primos, forman un sistema importante de apoyo para los sacerdotes durante todo su sacerdocio. Se debe animar a los sacerdotes a visitar a su familia, pasar los días festivos con esta, e involucrarse en sus vidas.

Compensación Financiera

?Los sacerdotes diocesanos no hacen votos de pobreza, reciben un salario y beneficios para que puedan llevar una vida modesta, comprar y mantener un coche, tomar vacaciones, donar a caridades y ahorrar dinero para su retiro. Los sacerdotes diocesanos que pertenecen a alguna diócesis en particular normalmente reciben el mismo salario, dependiendo de los años de ordenación, si sirven en una iglesia misionera pequeña, una parroquia grande de los suburbios o en una agencia de la diócesis.

Además del salario, los sacerdotes reciben comida y alojamiento y reciben una suma anual para retiros, y otra para educación permanente.

Además del salario, cada parroquia o agencia contribuye monetariamente a un plan de jubilación para los sacerdotes que sirven en ella. Ya que se espera que los sacerdotes diocesanos planeen sus propias necesidades de jubilación, este fondo de jubilación es parte de ese plan.

Oficina de Personal Clerical

La Oficina de Personal Clerical fue creada para ayudar al obispo a nombrar sacerdotes en las parroquias, oficinas, instituciones y otros ministerios diocesanos, al igual que crear un proceso en el cual los sacerdotes de manera individual intervienen en esa decisión.

Oficina de Educación Permanente para el Clero

La Oficina de Educación Permanente para el Clero fue creada para darles a los sacerdotes una variedad de oportunidades para aprender más acerca de sí mismos, nuevas destrezas pastorales y profundizar sus reflexiones dentro del ministerio. Cada año se anuncia, patrocina y recomienda una gran variedad de talleres de trabajo, convenciones, material impreso y clases. Cada año todos los sacerdotes reciben un estipendio generoso para ayudarlos a aceptar la responsabilidad de su continuo crecimiento como personas y como ministros.

Panel Médico del Clero

El Panel Médico del Clero apoya a los sacerdotes que necesitan ayuda para dejar de ser dependientes de químicos u otras adicciones.

Consejo Sacerdotal

El Consejo Sacerdotal es un grupo formado por sacerdotes elegidos por sus compañeros para representar sus intereses en un foro libre en el cual discuten asuntos relativos a su trabajo pastoral. Este grupo representativo asiste al obispo, ofreciendo consejo sobre el trabajo pastoral de la arquidiócesis con base en su experiencia y sabiduría como grupo. Las discusiones tienen lugar en grupos regionales y grupos paritarios que envían representantes al Consejo Sacerdotal, al igual que miembros elegidos por todos y de comunidades religiosas masculinas. Hay un grupo nacional de sacerdotes que proviene de los Consejo Sacerdotales de todo el país, y que se reúne en una convención anual para compartir sus conocimientos y experiencia en asuntos comunes a todos.

Vicario para el Clero

El Vicario para el Clero es un sacerdote de la diócesis que actúa como representante personal del obispo ante los sacerdotes jubilados de la diócesis. Este sacerdote ayuda a los sacerdotes jubilados en los asuntos relacionados con sus necesidades médicas, ministeriales, sociales y de vivienda.

Casas de Retiro

Las casas de retiro usualmente están disponibles para aquellos sacerdotes jubilados que desean vivir cerca a otros sacerdotes también jubilados. Sin embargo, los sacerdotes diocesanos tienen libertad de escoger su forma de retiro en la forma que deseen.

Asamblea Presbiteral

Cada año todos los sacerdotes de la mayoría de las diócesis llevan a cabo junto con su obispo una Asamblea Presbiteral de una semana de duración. Esta semana es una combinación de relajación, oración, formación de grupos de trabajo, celebraciones, discusiones, educación y renovación. Varios sacerdotes de la diócesis, sacerdotes en general, religiosos y laicos que no pertenecen a la diócesis comparten sus experiencias.

Grupos de Apoyo

Se fomentan los grupos de apoyo. Son grupos de sacerdotes que se agrupan libremente para ayudarse mutuamente en diferentes áreas de la diócesis. Estos grupos pueden reunirse en sus días libres con fines recreacionales, o pueden reunirse mensualmente para darse apoyo mutuo. Pueden ser grupos de oración, o pueden ser uno de los grupos de los 12 pasos.

Retiros Anuales y Días de Oración

Se fomentan los días de oración y los retiros anuales. Los retiros anuales pueden hacerse en grupo o individualmente. Se ofrece y se anuncia una variedad de oportunidades, pero los sacerdotes pueden diseñar el suyo. Un estipendio anual hace parte de las compensaciones y beneficios adicionales de los sacerdotes. Se ofrecen diversos tipos de días de oración varias veces al año.

Sabáticos

Se fomentan los sabáticos. Son una licencia prolongada para renovación, educación y crecimiento, que puede durar de tres a seis meses. Una vez aprobado el sabático, usualmente la diócesis paga los gastos incurridos en él.

Directores Espirituales

Se anima a todos los sacerdotes a que busquen un sacerdote de su confianza para que sea su director espiritual. Este puede ser uno de sus compañeros sacerdotes de la diócesis, de la diócesis vecina, religioso, o de los monasterios locales. Algunos sacerdotes prefieren a los laicos o a miembros de una comunidad religiosa.

Vivienda Alternativa

La mayoría de los sacerdotes viven en la casa cural proporcionada por la parroquia en la que sirven, o en un apartamento o vivienda suministrada por la institución en la que ejercen su ministerio. Aunque no es general, algunas diócesis permiten viviendas alternativas, tales como casa propia o un apartamento en alquiler, una vez aprobadas por el obispo y bajo ciertas circunstancias y restricciones.

Vacaciones

Todos los sacerdotes tienen derecho, y se les anima, a tomar vacaciones anuales, usualmente hasta de un mes al año, dependiendo de los años de servicio. El sacerdote paga sus vacaciones con su propio salario.

TEMAS DE DISCUSIÓN

1. Describe tus planes para seguir tu vocación después de la ordenación.

2. El Papa Juan Pablo II dijo que la formación inicial del seminario debe ser seguida por la formación permanente. ¿Estás comprometido a buscar la formación permanente que necesitas, especialmente si vas a ser párroco? En caso afirmativo, ¿qué planes tienes para continuar con ella?

3. ¿Estás comprometido a ser responsable de tu propia felicidad como sacerdote? ¿Qué puedes hacer para ser feliz y eficaz como sacerdote, a pesar de las circunstancias?

4. ¿En qué programas de formación permanente planeas involucrarte en tu diócesis, tu seminario anterior y en el país en general?

5. De la lista anterior, ¿cuáles usarás más? ¿Cuáles no te llaman la atención o probablemente no estén disponibles para ti?

RECUERDA POR QUÉ HACEMOS LO QUE HACEMOS

"¡Ven!," le dijo. Bajó Pedro de la barca y se puso a caminar sobre las aguas, yendo hacia Jesús. Pero, viendo la violencia del viento, le entró miedo y, como comenzara a hundirse, gritó: "¡Señor, sálvame!." Al punto Jesús, tendiendo la mano, le agarró.
Mateo 14:29-30

La vida de hoy día de un sacerdote diocesano es intensa y complicada. Es fácil confundirse. Es común sentirse abrumado y olvidar por qué estamos haciendo lo que estamos haciendo. Cuando quitamos los ojos del premio, empezamos a hacer lo esencial accidental y lo accidental esencial. Si el pastor se distrae, las ovejas son vulnerables. "Y si la trompeta no da sino un sonido confuso, ¿quién se preparará para la batalla?" (I Corintios 14:8). Si el sacerdote se desvía de su camino, olvida lo que realmente es importante, empieza a sudar por las cosas sin importancia, entonces están en riesgo tanto él como la gente a quién él es llamado a servir y orientar.

Es difícil ser un curador de heridas; uno que atienda sus propias heridas mientras atiende las ajenas. La soledad, el aislamiento y la desilusión son algunas de las razones principales citadas por aquellos que abandonan el sacerdocio dentro de los primeros cinco años. Si un sacerdote está herido emocional y espiritualmente, entonces tendrá poco tiempo para enfocarse en las heridas ajenas. En esos momentos, en particular, es muy fácil que olvide por qué hace lo que hace.

Son muchas las esperanzas puestas en los sacerdotes, y con frecuencia no son reales. Tratar de estar a la altura causa mucha tensión. Es difícil para un sacerdote ser bueno y ser bueno en lo que hace, hacer mantenimiento personal y mantenimiento de las tareas. El mantenimiento personal se refiere a mantener la casa y el espíritu en orden. El mantenimiento de las tareas se refiere a mantener las destrezas pastorales afinadas. En estos tiempos es fácil desanimarse consigo mismo. Hay tantas necesidades y tan poco tiempo y energías. Cuando un sacerdote se desanima, es fácil para él olvidarse del porqué hace lo que hace.

Los sacerdotes no solamente tienen que vivir sus propias flaquezas, sino que también se ven afectados por las de los demás sacerdotes. El Padre Bob Silva, en su columna del boletín de noticias de la Federación Nacional de Consejos Sacerdotales (National Federation of Priests' Councils) del 19 de diciembre de 2004, tristemente hizo las siguientes observaciones: "No todo está bien en el sacerdocio en este país. A diario leo los informes sobre el abuso a menores por parte de sacerdotes, de aquellos que han sido expulsados del ministerio por conducta sexual inadecuada con adultos, de sacerdotes que han robado dinero de sus parroquias, de sacerdotes que abusan de su autoridad, de sacerdotes malintencionados. Debido a las flaquezas y crímenes de algunos sacerdotes, todos los sacerdotes se debilitan y sufren la falta de la efectividad pastoral."

Tomar en serio el mantenimiento personal (cuidando su peso, haciendo ejercicio, tomando descanso, manteniendo amigos, estando conectado con su familia, siguiendo una vida de oración y viviendo en celibato) puede ser abrumador por todo lo que se pide. Cuando un sacerdote está abrumado, es fácil que olvide por qué hace lo que hace.

Como sacerdote, tomar en serio el mantenimiento de las tareas, balanceando las tres funciones esenciales del sacerdocio es muy importante para la vida de la comunidad de los fieles. La principal responsabilidad del sacerdote es predicar. Es de enorme responsabilidad ser un instrumento afinado mediante el cual Dios se comunica con su pueblo. Presidir la celebración de los sacramentos también es una posición seria dentro de la Iglesia, porque la buena liturgia construye la fe, mientras que la mala la destruye. Siendo un guía de una comunidad de fieles, pero no el único, es un acto delicado de armonía de gran importancia, especialmente cuando se lleva a cabo en una comunidad facciosa.

Las minucias necesarias para hacer todo esto bien pueden consumir todo el tiempo disponible del sacerdote. Se deben seguir el Derecho Canónigo, las normas litúrgicas y las guías diocesanas. Se puede hacer de réferi en los enfrentamientos entre las eclesiologías, los asuntos financieros importantes que atender, personal para reclutar y salarios para negociar. Hay grupos de jóvenes que se presentan de improviso, hospitales que visitar, cintas que cortar y correo que contestar. Es fácil desbordarse y perder la perspectiva. Importantes como son todas estas cosas, no son la esencia. Cuando lo fortuito se convierte en esencial y lo esencial se pierde de vista, es fácil que el sacerdote olvide por qué hace lo que hace.

Lo que es esencial es la Buena Nueva del amor incondicional de Dios. Este amor incondicional fue revelado en el Monte Sinaí, pero fue revelado aún más elaborado en la persona de Jesús. Jesús simboliza la anchura, longitud, altura y profundidad del amor de Dios. Las parábolas de Jesús describen, aún más elaboradas que las del Sinaí, la increíble Buena Nueva de que somos amados incondicionalmente. Este es el resultado final. Esta es la razón del por qué hacemos lo que hacemos como sacerdotes. Si nos olvidamos que somos los portadores de la Nueva de Dios, en verdad nos hemos extraviado en nuestro camino.

En la celebración de mis bodas de plata como sacerdote, escogí el Evangelio de la historia de Pedro caminando sobre las aguas, porque describía mi experiencia como sacerdote durante esos primeros 25 años y porque me ofreció un patrón a seguir en mis siguientes años de sacerdocio. Mirando hacia atrás he podido, de alguna manera y para mi propia sorpresa, hacer cosas que nunca pensé posibles en tanto que he mantenido mis ojos fijos en Jesús. Sólo han sido esos momentos en los que los aparté y empecé a enfocarme en cuán profunda era el agua y cuán altos los vientos cuando empecé a hundirme. Es muy difícil y al mismo tiempo tan vitalmente importante para los sacerdotes recordar por qué hacen lo que hacen.

Los sacerdotes obran *in persona Christi*. Este es el imponente resultado final. Esto es lo que todo sacerdote debe recordar y recordarse a sí mismo una y otra vez. Si olvida por qué hace lo que hace, todo estará perdido y su vida no tendrá sentido. Los sacerdotes deben mantener sus ojos fijos en Jesús.

TEMAS DE DISCUSIÓN

1. ¿Qué haces y cómo actúas cuando estás abrumado? ¿Qué acostumbras a hacer para recuperar tu equilibrio y concentración?

2. La soledad es la razón que frecuentemente se cita por la cual los sacerdotes recién ordenados abandonan el sacerdocio dentro de los primeros cinco años después de su ordenación. ¿Qué puedes hacer para prevenir que la soledad te sobrecoja? ¿Qué estrategias has desarrollado para hacerle frente?

3. ¿Qué puedes hacer para acordarte regularmente por qué haces lo que haces como sacerdote?

4. ¿Cómo te han afectado, personalmente y como futuro sacerdote, el escándalo del abuso sexual y otros malos comportamientos de algunos sacerdotes?

5. ¿Tienes alguna historia o pasajes de las Escrituras que te ayuden a enfocar cuando estás agobiado?

6. ¿A quién puedes recurrir si tienes una grave crisis vocacional?

CUIDA A TU VOCACIÓN

Todas las cosas resistentes al cambio se cambian por esa resistencia de maneras no deseadas e indeseables
Garry Wills

Si yo fuera seminarista hoy, estaría aterrorizado, muy aterrorizado, pero el miedo no me detendría para ser sacerdote, porque yo decidiría enfrentar mi miedo, aprovechando todas las oportunidades para prepararme para la realidad que tengo que enfrentar.

Como seminarista es difícil imaginar lo que se espera de los nuevos sacerdotes en los próximos años. El número de sacerdotes está disminuyendo, pero la cantidad de trabajo está creciendo. Se están dando grandes responsabilidades a los nuevos sacerdotes en menor tiempo después de la ordenación.

Está siendo obvio que el entrenamiento de los seminarios ya no es suficiente por sí solo. Como hay tantas cosas para las cuales los seminarios no pueden preparar a los nuevos sacerdotes para que las manejen, y como el período de pasantía ha sido reducido o, en algunos casos, eliminado está siendo obvio que la formación permanente ya no es un lujo, sino una necesidad.

Si yo fuera seminarista hoy, estaría tan ansioso de pensar en lo que me estoy metiendo que empezaría a planear mi formación permanente aun antes de salir del seminario, como lo recomienda el Papa Juan Pablo II.

Para ponerme en el estado de ánimo de la formación permanente, escucharía aquella voz que me llama para que me esfuerce en ser el mejor sacerdote que pueda, y rechazaría la que me dice que haga apenas lo mínimo para arreglármelas. No puedo imaginarme ejerciendo el sacerdocio a medias. No puedo imaginarme estar satisfecho, siendo un sacerdote infeliz, aburrido e ineficaz. Con ardor o sin ardor hubiera sido de todas maneras un sacerdote.

LA FORMACIÓN INDIVIDUAL DEL SACERDOTE

El Papa Juan Pablo II resumió de la mejor manera la necesidad y la resistencia a la formación permanente cuando dijo: "Si bien es comprensible una cierta sensación de «saciedad» que ante ulteriores momentos de estudio y de reuniones puede afectar al joven sacerdote apenas salido del Seminario, ha de rechazarse como absolutamente falsa y peligrosa la idea de que la formación presbiteral concluya con su estancia en el Seminario."[20]

"Todos poseemos un yo enfermo y un yo sano. Por más neuróticos o sicóticos que seamos, y aunque parezcamos temerosos y totalmente rígidos, siempre hay una parte de nosotros, aunque sea pequeña, que desea nuestro cambio y desarrollo y que se siente atraída hacia lo nuevo y desconocido, y que está dispuesta a hacer el esfuerzo que conduce a una evolución espiritual. Sin importar qué tan sanos y evolucionados espiritualmente parezcamos, siempre hay una parte de nosotros, aunque sea pequeña, que se resiste al esfuerzo y que se aferra a lo viejo y conocido, que teme a cualquier cambio o esfuerzo, y que desea la comodidad a toda costa y la ausencia del dolor a cualquier precio aun cuando el resultado sea la ineficacia, el estancamiento o la regresión.[21]

El Papa Juan Pablo II apoya firmemente la necesidad de formación después del seminario. Afirma que es importante ser conscientes y respetar el lazo intrínseco entre la formación antes de la ordenación y la formación después de la ordenación. Llama formación *inicial* a la formación del seminario y *permanente* a la de después del seminario. Él hizo la importante observación de que la preparación a largo plazo de la formación permanente debe tener lugar en el seminario, donde se debe animar a los futuros sacerdotes para que la deseen, reconociendo su necesidad, sus ventajas y el Espíritu en el cual debe ser tomada, y las condiciones apropiadas para que su realización necesite ser asegurada.[22]

El Papa Juan Pablo II también observa que esta formación permanente necesita ser algo mejor que "repetir la del seminario." y hace un llamado a los "métodos y contenidos relativamente nuevos." **El Instituto de Sacerdotes y Presbiterados** de San Meinrad es un esfuerzo reciente hecho para diseñar un programa de seguimiento a los sacerdotes durante sus primeros cinco años. Este ofrecerá apoyo inter diocesano y holístico a los sacerdotes recién ordenados en la práctica de su ministerio.

El Papa Juan Pablo II apoyó este enfoque inter diocesano cuando dijo "Con frecuencia será oportuno, o incluso necesario, que los Obispos de varias Diócesis vecinas... se pongan de acuerdo entre sí y unan sus fuerzas para poder ofrecer iniciativas de mayor calidad y verdaderamente atrayentes para la formación permanente ..."[23] Este **Instituto** es un esfuerzo serio para prestar atención a las palabras del Papa Juan Pablo II sobre cómo mantener el lazo intrínseco entre la formación inicial en el seminario y la formación permanente.

La meta de la formación permanente es integrar quién es el sacerdote con lo que hace. El Pueblo de Dios tiene el derecho a tener un liderazgo pastoral competente. Ni la santidad, ni la buena voluntad por sí solas pueden remplazar la competencia. El sacerdote de hoy en día no sólo debe ser bueno y bien intencionado, sino que también debe ser bueno en lo que hace. La formación permanente en las destrezas prácticas para ejercer el ministerio efectivamente no es un lujo en estos días, ni siquiera es una opción. Muchos observadores de la Iglesia han identificado como un grave problema la baja calidad del liderazgo pastoral en nuestra Iglesia. Todo lo que el sacerdote recién ordenado necesita en la actualidad no puede ser suministrado únicamente durante el entrenamiento en el seminario.

Después de la formación inicial del seminario y del periodo de entusiasmo juvenil, viene el momento de hacerse cargo de seguir tu vocación, el momento de avivar el fuego de la pasión por el compromiso, el momento de desarrollar las cualidades necesarias en el ministerio sacerdotal, especialmente el ministerio del pastor. Cada sacerdote, en palabras de II Timoteo 1:6 tiene la obligación de cuidar "el carisma de Dios que está en ti por la imposición de mis manos" y mantener ese don "avivado." El Papa Juan Pablo II lo llama "mantener la juventud del espíritu."

LA FORMACIÓN DE LOS PRESBITERADOS

Los obispos estadounidenses en el *Plan Básico para la Formación Permanente de Sacerdotes*,[24] anotan que la formación permanente tiene dos componentes: la formación permanente que afecta individual-mente a los sacerdotes y la formación permanente que los afecta como presbiterados.

El nuevo Código de Derecho Canónigo[25] dice que "Se debe formar a los seminaristas para que estén preparados para una unión fraterna con el presbiterio diocesano" El libro *Presbiterados Conscientes. Reafirmando nuestro Sentido Común en nuestro propósito de ser Sacerdotes Diocesanos (Intentional Presbyterates: Claiming Our Common Sense of Purpose)*, escrito por este mismo autor, fue dirigido a los seminaristas para ayudarlos a empezar a pensar en cómo ser miembros conscientes y contribuyentes de su presbiterado. Fue escrito para llenar un vacío. Aunque el Nuevo Código de Derecho Canónigo dice específicamente que los seminaristas deben ser formados para que sean miembros de su propio presbiterado, no pude encontrar ningún seminario que abordara seriamente el asunto de integrar conscientemente nuevos sacerdotes a sus presbiterados. En la mayoría de los casos deben buscar su camino por sí mismos.

El *Plan Básico para la Formación Permanente de Sacerdotes*[26] anota que "los sacerdotes no son sacerdotes en forma individual, sino que son sacerdotes que sirven a la misión de la Iglesia en un presbiterado en unión con el obispo, en lo que el Catecismo de la Iglesia Católica llama "íntima fraternidad sacramental." También reconoce que la formación presbiteral abre un nuevo territorio cuando dice "este sentido colectivo de la identidad y misión sacerdotal, aunque no está desarrollado plenamente aun en los documentos oficiales, surge claramente como una guía importante para el futuro." En respuesta a esa reflexión, el nuevo **Instituto para Sacerdotes y Presbiterados** (*Institute for Priests and Presbyterates*) ofrecerá material impreso y sugerencias prácticas para los seminaristas para ayudarlos a prepararse para la "unión fraternal con los presbiterados" antes de su ordenación, al igual que ofrecerá apoyo para el fortalecimiento presbiteral después de su ordenación.

Debido a que nuestros sacerdotes no podrán trabajar más fuertemente en el futuro deberán entonces trabajar más sabiamente. Necesitarán más que nunca ocuparse del crecimiento personal y la unidad de grupo. Los tiempos han cambiado. Es el momento para que los sacerdotes despierten y se ocupen de lidiar acertadamente con estas nuevas realidades. Como lo dijo Francis Bacon: "Quien no aplica nuevos remedios debe esperar nuevos males"

TEMAS DE DISCUSIÓN

1. ¿Estás preocupado por tu preparación para manejar lo que un sacerdote debe manejar? ¿En qué áreas del ministerio crees que necesitas más formación?

2. ¿Cómo puedes controlar tu propia percepción de haber tenido ya suficiente y la necesidad de formación permanente?

3. ¿Qué puedes hacer desde ya como seminarista para prepararte para la formación permanente?

4. ¿Qué información te gustaría tener acerca de tu presbiterado antes de la ordenación? ¿Qué podría hacer tu diócesis para prepararte mejor para tu presbiterado?

5. ¿En qué área especial del ministerio te gustaría recibir más entrenamiento? ¿Hay entrenamiento disponible para ti? ¿Cómo te apoyará tu diócesis para conseguir dicho entrenamiento? ¿Qué puedes hacer tú, por tu propia cuenta, para conseguir ese entrenamiento si tu diócesis no te puede apoyar en ello?

CONCLUSIÓN

Líbranos, Señor, de todo mal y dadnos la paz en nuestros días. En tu misericordia, mantennos libres de todo pecado y **protégenos de toda preocupación**, *mientras esperamos con gozo la venida de Nuestro Salvador Jesucristo.*
Tomado de la Santa Misa

Es esencial, tanto en el sacerdocio como en el matrimonio, saber qué hacer una vez terminada la luna de miel. Vendrá un tiempo, después de finalmente terminar el seminario, cuando ya no habrá más adulación por la ordenación y la Misa de Acción de Gracias, y la rutina y el trabajo difícil del ministerio parroquial comenzarán. Aunque es perfectamente normal, para muchos es un tiempo de crisis. En el matrimonio ocurre alrededor del séptimo año. Dentro del sacerdocio ocurre, frecuentemente pero no está limitado, durante los primeros cinco años.

Creo que tarde o temprano todos los sacerdotes deben esperar y prepararse para esta crisis. Como entre el 10 y el 15 por ciento de los sacerdotes recién ordenados abandonan el sacerdocio dentro de los primeros cinco años, es algo que debemos enfrentar y planear. No es un asunto de si ocurrirá o no, sino de cuándo. Recuerda, no debes sentir pánico. Es normal.

Jeremías, aquel hombre llamado desde muy temprana edad, es un modelo de fidelidad a pesar de las desilusiones devastadoras de su ministerio. Jeremías 20:7 tiene muchas traducciones malas. Algunos traducen el hebreo a timo: "Tú me timaste y me dejé timar." (NAB) o "Tú me engañaste y me dejé engañar." (RSV) Rabbi Abraham Heschel, quien traduce los versículos libremente y con exactitud, expresa el siguiente pensamiento: "Contigo, Dios mío, experimenté la dulzura de la seducción y la violencia de la violación." Después de esto Jeremías da su discurso de despedida sólo para concluir, como lo hizo Pedro cuando tantos abandonaron a Jesús: "¿A dónde puedo ir?."

La mayoría de los sacerdotes no experimenta la aguda y punzante desilusión de Jeremías, sino más bien, periódicamente, una versión menos crónica de "Nunca pensé que sería así." Aquí es cuando los sacerdotes son más vulnerables. Aquí es cuando el pasto del vecino se ve más verde, cuando se alimentan pensamientos de cómo sería renunciar. Hoy día entre el 10 y 15 por ciento de los sacerdotes recién ordenados actúan impulsados por estos sentimientos.

Aunque la soledad se cita como la razón principal para renunciar, esta puede ser el *resultado* del problema real de no estar preparado para la realidad de la vida sacerdotal versus la idealización del sacerdocio durante el seminario. La soledad puede estar estrechamente relacionada con los sentimientos de decepción al tener que revisar las expectativas para el ministerio, el trabajo que conlleva y los sentimientos de estar sobrecargado, no preparado y fundamental-mente solo.

Timoteo, el compañero misionero de Pablo, fue un joven que enfrentó su propia crisis al comienzo de su ministerio y nos ofrece un modelo de fidelidad a pesar de las devastadoras decepciones. En su segunda epístola a Timoteo, Pablo le escribe a este joven que quiere rendirse y regresar a casa. Pablo le recuerda a Timoteo que el Espíritu da a los ministros pastorales tres cosas durante tiempos como estos para que continúen su obra: *dunymis, agape* y *sophronismos*, o fortaleza, caridad y templanza, y la ayuda práctica y habilidad para controlarse ante el pánico.

Si los sacerdotes quieren sobrevivir y prosperar en la Iglesia de hoy, deben encontrar ese centro pacífico, esa calma interior que ninguna tormenta puede perturbar, aquel lugar sin ansiedad donde se espera con alegre esperanza, ese lugar de gracia bajo presión, esa base sólida sobre la cual la casa pueda resistir cualquier tormenta, aquella paz mental y de corazón que sólo Dios puede dar. Esta es la razón por la que es esencial que el sacerdote lleve una vida de oración.

Estos tiempos de crisis son normales. Se espera que ocurran. No significa que hemos cometido errores, significa que vamos en el camino correcto. Si son normales y se espera que ocurran, entonces necesitamos desarrollar nuestra fortaleza más íntima para enfrentarlos, tratarlos y solucionarlos. Eleanor Roosevelt lo explicó de esta manera: "Ganas fuerza, coraje y confianza cada vez que te enfrentas al miedo. Debes hacer las cosas que te crees incapaz de hacer." ¿Por qué debemos hacerlo? Al final, no debemos olvidar las palabras que Jesús nos dijo: "No me habéis elegido vosotros a mí, sino que yo os he elegido a vosotros."

Les deseo a todos *dunymis, agape* y *sophronismos* - fortaleza, ayuda práctica y la habilidad de saber cómo proceder al enfrentarse al pánico. ¡Puedes hacerlo! ¡Debes hacerlo! La Iglesia te *necesita*. "Que el Señor cumpla la buena obra que inició en vosotros." Os dejo con uno de los poemas favoritos de Rudyard Kipling que parece adecuado para este tema:

Si

Si logras conservar intacta tu firmeza,
Cuando todos vacilan y tachan tu entereza,
Si a pesar de esas dudas, mantienes tus creencias,
Sin que te debiliten extrañas sugerencias,
Si sabes esperar, y fiel a la verdad, reacio a la mentira
El odio de los otros te sienta indiferente,
Sin creerte por ello, muy sabio o muy valiente

Si sueñas, sin por ello, rendirte ante tu ensueño,
Si piensas, mas de tu pensamiento sigues dueño.
Si Triunfos o Desastres, no menguan tus ardores,
Y por igual los tratas como dos impostores
Si soportas oír la verdad deformada,
Cual trampa de necios, por malvados usada,
O mirar hecho trizas d tu vida el ideal,
Y con gastados útiles, recomenzar igual.

Si toda la victoria conquistada,
Te atreves a arriesgar en una audaz jugada,
Y aún perdiendo, sin quejas, ni tristezas,
Con nuevo brío reiniciar puedes tu empresa.
Si entregado a la lucha, con nervio y corazón,
Aún desfallecido, persistes en la acción,
Y extraes energías, cansado y vacilante,
De heroica voluntad, que te ordena ¡Adelante!

Si hasta el pueblo te acercas sin perder tu virtud,
Y con reyes alternas sin cambiar de actitud,
Si no logran turbarte ni amigo, ni enemigo,
Pero en justa medida, pueden contar contigo.
Si alcanzas a llenar, el minuto sereno,
De sesenta segundos que te lleven al cielo...,
Lo que existe en el mundo, en tus manos tendrás,
Y además hijo mío: ¡Un hombre tú serás!

Lo que quiero que sepas es lo siguiente: Tienes que tomar una decisión. ¿Dejarás al azar tu felicidad y efectividad como sacerdote, o prefieres tomar control y construirlas para ti, desde dentro de ti? No hacerlo también es una decisión. Una cita favorita de George Bernard Shaw también parece apropiada para ponerla aquí:

> *"La verdadera felicidad de la vida es ser usado para un alto propósito que tú reconoces como poderoso; sentirte totalmente exhausto antes de ser lanzado a un montón de deshechos; ser la fuerza de la naturaleza en lugar de un egoísta febril lleno de padecimientos y agravios que se queja de que el mundo no se dedica a hacerte feliz."*

Finalmente, déjame compartir otras de mis citas preferidas de W. H. Murray. Nos sirve para recordarnos que el Dios que nos llamó para hacer este trabajo permanece listo para ayudarnos, fortalecernos y equiparnos para este ministerio. No estamos solos en esto. Una vez nos comprometamos, siempre contaremos con ayuda.

> *"Hasta que uno se compromete, hay duda, la probabilidad de echarse para atrás, siempre la ineficacia. Referente a todos los actos de iniciativa (y creación) hay una verdad elemental, la ignorancia que mata innumerables ideas y planes espléndidos. En el momento en que uno se compromete definitivamente consigo mismo, entonces la Providencia también actúa: Ocurren todo tipo de cosas que ayudan y que en otras circunstancias no ocurrirían. Un torrente de eventos surge de la decisión, provocando a nuestro favor toda forma de incidentes imprevistos, y reuniones y material de apoyo, que nadie hubiera podido soñar obtener de esa manera."*

El secreto para desencadenar esta ayuda, y la conclusión de este libro, es el *compromiso serio*. Todo depende de cuán serio es nuestro compromiso, no solamente para que *seamos* sacerdotes, sino para ejercer el *sacerdocio*.

TEMAS DE DISCUSIÓN

1. Al igual que San Pedro en el monte de la transfiguración, tú no puedes estar por siempre en la cima. La luna de miel que sigue a la ordenación no perdura. El pasto del vecino se ve más verde. ¿Entiendes que esto hace parte de cualquier vocación?

2. ¿Qué mecanismos has desarrollado para lidiar con esos tiempos de tu sacerdocio?

3. ¿Qué estrategias puedes idear que pudieran prevenir que estos episodios ocurran frecuentemente?

4. ¿Cómo pueden ayudarte las personas en los momentos en que estás abrumado y abatido por circunstancias que no puedes controlar?

5. ¿Hay alguien a quien admires por haber sobrevivido decepciones dolorosas? ¿Qué puedes aprender de esa persona?

CITAS BIBLIOGRÁFICAS

1. *The Basic Plan for the Ongoing Formation of Priests*. United States Catholic Conference, Inc., Washington, DC, 2001, Part Two.

2. Pope John Paul II, *I Will Give You Shepherds*. St. Paul Books & Media, Boston, MA, 1992, no. 76.

3. *L'Osservatore Romano*, 42. Vatican City, October 15, 1990, p. 3.

4. Philibert, Paul J., O.P., *Stewards of God's Mysteries*. The Liturgical Press, Collegeville, MN, April 2004, pp. 58-60.

5. *The Priest and the Third Christian Millennium: Teacher of the Word, Minister of the Sacraments, and Leader of the Community*. Vatican City, Congregation for the Clergy, 1999, p. 35.

6. Ibid., p. 40.

7. Bausch, William J., *Take Heart, Father*. Twenty-Third Publications, Mystic, CT, September 1986.

8. Walsh, Eugene A., S.S., *Talking With Adults: Practical Suggestions for Preaching, Teaching, Evangelizing*. Pastoral Arts Associates of North America, 1980.

9. Zander, Rosamund Stone and Benjamin Zander, *The Art of Possibility: Transforming Professional and Personal Life*. Harvard Business School Press, Boston, MA, 2000, p. 108.

10. Abbott, Walter M., General Editor, and Joseph Gallagher, Translation Editor, "Pope John's Opening Speech," *Documents of Vatican II*, New York, NY, 1966, pp. 715-716.

11. Talitman, Erin, Ph.D., and Philip Dodson, in *Covenant*, Vol. 19, no. 2, September 2004. Southdown Institute, Aurora, Ontario, Canada.

12. Cozzens, Donald B., in Being a Priest, "The Spirituality of the Diocesan Priest." The Liturgical Press, Collegeville, MN, 1992.

13. Abbott, Walter M., General Editor, and Joseph Gallagher, Translation Editor, "Decree on the Ministry and Life of Priests," Documents of Vatican II, New York, NY, 1966, Chapter II. 99

14. Ibid.

15. Ibid.

16. Abbott, Walter M., General Editor, and Joseph Gallagher, Translation Editor, "Dogmatic Constitution on Divine Revelation," Documents of Vatican II, New York, NY, 1966, Chapter 6, no. 21.

17. Abbott, Walter M., General Editor, and Joseph Gallagher, Translation Editor, "Pastoral Constitution on the Church in the Modern World" (Gaudium et Spes), Documents of Vatican II, New York, NY, 1966, Chapter 2, no. 62.

18. *As One Who Serves*. United States Catholic Conference, Washington, DC, 1977.

19. Decree on the Ministry and Life of Priests, no. 9.

20. Pope John Paul II, *I Will Give You Shepherds*, no. 76.

21. Peck, M. Scott, M.D., *The Road Less Traveled*, Simon & Schuster, Inc., New York, NY, 1978.

22. *I Will Give You Shepherds*, no. 71.

23. Ibid., no. 79.

24. *The Basic Plan for the Ongoing Formation of Priests*, p. 93.

25. *Code of Canon Law*, Canon Law Society of America, Washington, DC, 1983, Canon 245, no. 2.

26. *The Basic Plan for the Ongoing Formation of Priests*, p. 93.

BIBLIOGRÁFICAS

Abbott, Walter M., General Editor, and Joseph Gallagher, Translation Editor, "Decree on the Ministry and Life of Priests," *Documents of Vatican II*, New York, NY, 1966.

Abbott, Walter M., General Editor, and Joseph Gallagher, Translation Editor, "Dogmatic Constitution on Divine Revelation," *Documents of Vatican II*, New York, NY, 1966.

Abbott, Walter M., General Editor, and Joseph Gallagher, Translation Editor, "Pastoral Constitution on the Church in the Modern World"(*Gaudium et Spes*), *Documents of Vatican II*, New York, NY, 1966.

Abbott, Walter M., General Editor, and Joseph Gallagher, Translation Editor, "Pope John's Opening Speech," *Documents of Vatican II*, New York, NY, 1966.

As One Who Serves. United States Catholic Conference, Washington, DC, 1977.

Bausch, William J., *Take Heart, Father*. Twenty-Third Publications, Mystic, CT, September 1986.

Code of Canon Law, Canon Law Society of America, Washington, DC, 1983.

Cozzens, Donald B., in *Being a Priest*, "The Spirituality of the Diocesan Priest." The Liturgical Press, Collegeville, MN, 1992.

L'Osservatore Romano, 42. Vatican City, October 15, 1990.

Peck, M. Scott, M.D., *The Road Less Traveled*, Simon & Schuster, Inc., New York, NY, 1978.

Philibert, Paul J., O.P., *Stewards of God's Mysteries*. The Liturgical Press, Collegeville, MN, April 2004.

Pope John Paul II, *I Will Give You Shepherds*. St. Paul Books & Media, Boston, MA, 1992.

Talitman, Erin, Ph.D., and Philip Dodson, *Covenant*, Vol. 19, no. 2, September 2004. Southdown Institute, Aurora, Ontario, Canada.

The Basic Plan for the Ongoing Formation of Priests. United States Catholic Conference, Inc., Washington, DC, 2001.

The Priest and the Third Christian Millennium: Teacher of the Word, Minister of the Sacraments, and Leader of the Community. Vatican City, Congregation for the Clergy, 1999.

Walsh, Eugene A., S.S., *Talking With Adults: Practical Suggestions for Preaching,* Teaching, Evangelizing. Pastoral Arts Associates of North America, 1980.

Zander, Rosamund Stone and Benjamin Zander, *The Art of Possibility: Transforming Professional and Personal Life.* Harvard Business School Press, Boston, MA, 2000.